CÓDIGO DE DEFESA DO CONSUMIDOR

O livro é a porta que se abre para a realização do homem.

Jair Lot Vieira

Supervisão editorial
INÁCIO CONCEIÇÃO VIEIRA

CÓDIGO DE DEFESA DO CONSUMIDOR

Lei nº 8.078,
de 11 de setembro de 1990

Atualizada até a
Lei nº 14.181, de 1º de julho de 2021

Inclui:

Lei nº 14.454, de 21 de setembro de 2022
Extingue o rol taxativo da ANS
para tratamento de saúde

Lei nº 14.181, de 1º de julho de 2021
Lei sobre prevenção e tratamento
do superendividamento

Decreto nº 11.150, de 26 de julho de 2022
Mínimo existencial para superendividados

Sistema Nacional de Defesa do Consumidor (SNDC)
Normas gerais de aplicação das sanções administrativas

Decreto nº 2.181, de 20 de março de 1997
Atualizado até o Decreto nº 10.887,
de 7 de dezembro de 2021

9ª edição 2023

edipro

Grafia conforme o novo Acordo Ortográfico da Língua Portuguesa.

9ª edição, 1ª reimpressão 2023.
Atualizada até o *DOU* de 8.2.2023.

Editores: Jair Lot Vieira e Maíra Lot Vieira Micales
Produção editorial: Karine Moreto de Almeida
Revisão: Equipe Edipro
Diagramação: Ana Laura Padovan e Aniele de Macedo Estevo
Arte: Karine Moreto de Almeida

Dados Internacionais de Catalogação na Publicação (CIP)
(Câmara Brasileira do Livro, SP, Brasil)

Código de Defesa do Consumidor : Lei nº 8.078, de 11 de setembro de 1990 / supervisão editorial Inácio Conceição Vieira. – 9. ed. – São Paulo : Edipro, 2023.

ISBN 978-65-5660-085-7

1. Brasil – Constituição (1988) 2. Consumidores – Leis e legislação – Brasil I. Vieira, Inácio Conceição Vieira.

22-107351 CDU-34:381.6(81)

Índices para catálogo sistemático:
1. Brasil : Código de Defesa do Consumidor : 34:381.6(81)
2. Brasil : Consumidores : Código de defesa e proteção : 34:381.6(81)

Aline Graziele Benitez – Bibliotecária – CRB-1/3129

edipro

São Paulo: (11) 3107-7050 • Bauru: (14) 3234-4121
www.edipro.com.br • edipro@edipro.com.br
@editoraedipro @editoraedipro

SUMÁRIO

CÓDIGO DE DEFESA DO CONSUMIDOR

LEI Nº 8.078, DE 11 DE SETEMBRO DE 1990

DECRETO Nº 2.181, DE 20 DE MARÇO DE 1997

REGULAMENTOS DO CÓDIGO DE DEFESA DO CONSUMIDOR

DECRETO Nº 5.903, DE 20 DE SETEMBRO DE 2006

DECRETO Nº 7.962, DE 15 DE MARÇO DE 2013

DECRETO Nº 11.034, DE 5 DE ABRIL DE 2022

LEGISLAÇÃO COMPLEMENTAR

CÓDIGO DE DEFESA DO CONSUMIDOR

LEI Nº 8.078, DE 11 DE SETEMBRO DE 1990

Dispõe sobre a proteção ao consumidor e dá outras providências.

(*) *Atualizada até as alterações promovidas pela Lei nº 14.181, de 1º de julho de 2021.*

O Presidente da República,

Faço saber que o Congresso Nacional decreta e eu sanciono a seguinte Lei:

TÍTULO I – DOS DIREITOS DO CONSUMIDOR

Capítulo I
Disposições Gerais

Art 1º. O presente Código estabelece normas de proteção e defesa do consumidor, ordem pública e interesse social, nos termos do art. 5º, inciso XXXII, 170, inciso V, da Constituição Federal, e art. 48 de suas Disposições Transitórias.

Art. 2º. Consumidor é toda pessoa física ou jurídica que adquire ou utiliza produtos ou serviços como destinatário final.

Parágrafo único. Equipara-se a consumidor a coletividade de pessoas, ainda que indetermináveis, que haja intervindo nas relações de consumo.

Art. 3º. Fornecedor é toda pessoa física ou jurídica, pública ou privada, nacional ou estrangeira, bem como os entes despersonalizados, que desenvolvem atividades de produção, montagem, criação, construção, transformação, importação, exportação, distribuição ou comercialização de produtos ou prestação de serviços.

§ 1º. Produto é qualquer bem, móvel ou imóvel, material ou imaterial.

§ 2º. Serviço é qualquer atividade fornecida no mercado de consumo, mediante remuneração, inclusive as de natureza bancária, financeira, de crédito e securitária, salvo as decorrentes das relações de caráter trabalhista.

Capítulo II
Da Política Nacional de Relações de Consumo

Art. 4º. A Política Nacional de Relações de Consumo tem por objetivo o atendimento das necessidades dos consumidores, o respeito à sua dignidade, saúde e segurança, a proteção de seus interesses econômicos, a melhoria da sua qualidade de vida, bem como a transparência e harmonia das relações de consumo, atendidos os seguintes princípios:

(*) *Art. 4º,* caput, *com redação dada pela Lei nº 9.008, de 21.3.1995.*

I – reconhecimento da vulnerabilidade do consumidor no mercado de consumo;

II – ação governamental no sentido de proteger efetivamente o consumidor:

a) por iniciativa direta;

b) por incentivos à criação e desenvolvimento de associações representativas;

c) pela presença do Estado no mercado de consumo;

d) pela garantia dos produtos e serviços com padrões adequados de qualidade, segurança, durabilidade e desempenho;

III – harmonização dos interesses dos participantes das relações de consumo e compatibilização da proteção do consumidor com a necessidade de desenvolvimento econômico e tecnológico, de modo a viabilizar os princípios nos quais se funda a ordem econômica (art. 170, da Constituição Federal), sempre com base na boa-fé e equilíbrio nas relações entre consumidores e fornecedores;

IV – educação e informação de fornecedores e consumidores, quanto aos seus direitos e deveres, com vistas à melhoria do mercado de consumo;

V – incentivo à criação pelos fornecedores de meios eficientes de controle de qualidade e segurança de produtos e serviços, assim como de mecanismos alternativos de solução de conflitos de consumo;

VI – coibição e repressão eficientes de todos os abusos praticados no mercado de consumo, inclusive a concorrência desleal e utilização indevida de inventos e criações industriais das marcas e nomes comerciais e signos distintivos, que possam causar prejuízos aos consumidores;

VII – racionalização e melhoria dos serviços públicos;

VIII – estudo constante das modificações do mercado de consumo;

IX – fomento de ações direcionadas à educação financeira e ambiental dos consumidores;

(*) *Inciso IX acrescido pela Lei nº 14.181, de 1º.7.2021.*

X – prevenção e tratamento do superendividamento como forma de evitar a exclusão social do consumidor.

(*) *Inciso X acrescido pela Lei nº 14.181, de 1º.7.2021.*

Art. 5º. Para a execução da Política Nacional das Relações de Consumo, contará o Poder Público com os seguintes instrumentos, entre outros;

I – manutenção de assistência jurídica, integral e gratuita para o consumidor carente;

II – instituição de Promotorias de Justiça de Defesa do Consumidor, no âmbito do Ministério Público;

III – criação de delegacias de polícia especializadas no atendimento de consumidores vítimas de infrações penais de consumo;

IV – criação de Juizados Especiais de Pequenas Causas e Varas Especializadas para a solução de litígios de consumo;

V – concessão de estímulos à criação e desenvolvimento das Associações de Defesa do Consumidor;

VI – instituição de mecanismos de prevenção e tratamento extrajudicial e judicial do superendividamento e de proteção do consumidor pessoa natural;

(*) *Inciso VI acrescido pela Lei nº 14.181, de 1º.7.2021.*

VII – instituição de núcleos de conciliação e mediação de conflitos oriundos de superendividamento.

(*) *Inciso VII acrescido pela Lei nº 14.181, de 1º.7.2021.*

§ 1º. (Vetado).

§ 2º. (Vetado).

Capítulo III
Dos Direitos Básicos do Consumidor

Art. 6º. São direitos básicos do consumidor:

I – a proteção da vida, saúde e segurança contra os riscos provocados por práticas no fornecimento de produtos e serviços considerados perigosos ou nocivos;

II – a educação e divulgação sobre o consumo adequado dos produtos e serviços, asseguradas a liberdade de escolha e a igualdade nas contratações;

III – a informação adequada e clara sobre os diferentes produtos e serviços, com especificação correta de quantidade, características, composição, qualidade, tributos incidentes e preço, bem como sobre os riscos que apresentem;

(*) *Inciso III com redação dada pela Lei nº 12.741, de 8.12.2012.*

IV – a proteção contra a publicidade enganosa e abusiva, métodos comerciais coercitivos ou desleais, bem como contra práticas e cláusulas abusivas ou impostas no fornecimento de produtos e serviços;

V – a modificação das cláusulas contratuais que estabeleçam prestações desproporcionais ou sua revisão em razão de fatos supervenientes que as tornem excessivamente onerosas;

VI – a efetiva prevenção e reparação de danos patrimoniais e morais, individuais coletivos e difusos;

VII – o acesso aos órgãos judiciários e administrativos, com vistas à prevenção ou reparação de danos patrimoniais e morais, individuais, coletivos ou difusos, assegurada a proteção jurídica, administrativa e técnica aos necessitados:

VIII – a facilitação da defesa de seus direitos, inclusive com a inversão do ônus da prova, a seu favor, no processo civil, quando, a critério do juiz, for verossímil a alegação ou quando for ele hipossuficiente, segundo as regras ordinárias de experiências;

IX – (vetado);

X – a adequada e eficaz prestação dos serviços públicos em geral;

XI – a garantia de práticas de crédito responsável, de educação financeira e de prevenção e tratamento de situações de superendividamento, preservado o mínimo existencial, nos termos da regulamentação, por meio da revisão e da repactuação da dívida, entre outras medidas;

(*) *Inciso XI acrescido pela Lei nº 14.181, de 1º.7.2021.*

XII – a preservação do mínimo existencial, nos termos da regulamentação, na repactuação de dívidas e na concessão de crédito;

(*) *Inciso XII acrescido pela Lei nº 14.181, de 1º.7.2021.*

XIII – a informação acerca dos preços dos produtos por unidade de medida, tal como por quilo, por litro, por metro ou por outra unidade, conforme o caso.

(*) *Inciso XIII acrescido pela Lei nº 14.181, de 1º.7.2021.*

Parágrafo único. A informação de que trata o inciso III do *caput* deste artigo deve ser acessível à pessoa com deficiência, observado o disposto em regulamento.

(*) *Parágrafo único acrescido pela Lei nº 13.146, de 6.7.2015.*

Art. 7º. Os direitos previstos neste Código não excluem outros decorrentes de tratados ou convenções internacionais de que o Brasil seja signatário, da legislação interna ordinária, de regulamentos expedidos pelas autoridades administrativas competentes, bem como dos que derivem dos princípios gerais do direito, analogia, costumes e equidade.

Parágrafo único. Tendo mais de um autor a ofensa, todos responderão solidariamente pela reparação dos danos previstos nas normas de consumo.

Capítulo IV
Da Qualidade de Produtos e Serviços, da Prevenção e da Reparação dos Danos

Seção I – Da Proteção à Saúde e Segurança

Art. 8º. Os produtos e serviços colocados no mercado de consumo não acarretarão riscos à saúde ou segurança dos consumidores, exceto os considerados normais e previsíveis em decorrência de sua natureza e fruição, obrigando-se os fornecedores, em qualquer hipótese, a dar as informações necessárias e adequadas a seu respeito.

§ 1º. Em se tratando de produto industrial, ao fabricante cabe prestar as informações a que se refere este artigo, através de impressos apropriados que devam acompanhar o produto.

(*) *§ 1º, primitivo parágrafo único, renumerado pela Lei nº 13.486, de 3.10.2017.*

§ 2º. O fornecedor deverá higienizar os equipamentos e utensílios utilizados no fornecimento de produtos ou serviços, ou colocados à disposição do consumidor, e informar, de maneira ostensiva e adequada, quando for o caso, sobre o risco de contaminação.

(*) *§ 2º acrescido pela Lei nº 13.486, de 3.10.2017.*

Art. 9º. O fornecedor de produtos e serviços potencialmente nocivos ou perigosos à saúde ou segurança deverá informar, de maneira ostensiva e adequada, a respeito da sua nocividade ou periculosidade, sem prejuízo da adoção de outras medidas cabíveis em cada caso concreto.

Art. 10. O fornecedor não poderá colocar no mercado de consumo produto ou serviço que sabe ou deveria saber apresentar alto grau de nocividade ou periculosidade à saúde ou segurança.

§ 1º. O fornecedor de produtos e serviços que, posteriormente à sua introdução no mercado de consumo, tiver conhecimento da periculosidade que apresentem, deverá comunicar o fato imediatamente às autoridades competentes e aos consumidores, mediante anúncios publicitários.

§ 2º. Os anúncios publicitários a que se refere o parágrafo anterior serão veiculados na imprensa, rádio e televisão, às expensas do fornecedor do produto ou serviço.

§ 3º. Sempre que tiverem conhecimento de periculosidade de produtos ou serviços à saúde ou segurança dos consumidores, a União, os Estados, o Distrito Federal e os Municípios deverão informá-los a respeito.

Art. 11. (Vetado).

Seção II – Da Responsabilidade pelo Fato do Produto e do Serviço

Art. 12. O fabricante, o produtor, o construtor, nacional ou estrangeiro, e o importador respondem, independentemente da existência de culpa, pela reparação dos danos causados aos consumidores por defeitos decorrentes de projeto, fabricação, construção, montagem, fórmulas, manipulação, apresentação ou acondicionamento de seus produtos, bem como por informações insuficientes ou inadequadas sobre sua utilização e riscos.

§ 1º. O produto é defeituoso quando não oferece a segurança que dele legitimamente se espera, levando-se em consideração as circunstâncias relevantes, entre as quais:

I – sua apresentação;

II – o uso e os riscos que razoavelmente dele se esperam;

III – a época em que foi colocado em circulação.

§ 2º. O produto não é considerado defeituoso pelo fato de outro de melhor qualidade ter sido colocado no mercado.

§ 3º. O fabricante, o construtor, o produtor ou importador só não será responsabilizado quando provar:

I – que não colocou o produto no mercado;

II – que embora haja colocado o produto no mercado, o defeito inexiste;

III – a culpa exclusiva do consumidor ou de terceiro.

Art. 13. O comerciante é igualmente responsável, nos termos do artigo anterior, quando:

I – o fabricante, o construtor, o produtor ou o importador não puderem ser identificados;

II – o produto for fornecido sem identificação clara do seu fabricante, produtor, construtor ou importador;

III – não conservar adequadamente os produtos perecíveis.

Parágrafo único. Aquele que efetivar o pagamento ao prejudicado poderá exercer o direito de regresso contra os demais responsáveis, segundo sua participação na causação do evento danoso.

Art. 14. O fornecedor de serviços responde, independentemente da existência de culpa, pela reparação dos danos causados aos consumidores por defeitos relativos à prestação dos serviços, bem como por informações insuficientes ou inadequadas sobre sua fruição e riscos.

§ 1º. O serviço é defeituoso quando não fornece a segurança que o consumidor dele pode esperar, levando-se em consideração as circunstâncias relevantes, entre as quais:

I – o modo de seu fornecimento;

II – o resultado e os riscos que razoavelmente dele se esperam;

III – a época em que foi fornecido.

§ 2º. O serviço não é considerado defeituoso pela adoção de novas técnicas.

§ 3º. O fornecedor de serviços só não será responsabilizado quando provar:

I – que, tendo prestado serviço, o defeito inexiste;

II – a culpa exclusiva do consumidor ou de terceiro.

§ 4º. A responsabilidade pessoal dos profissionais liberais será apurada mediante a verificação de culpa.

Art. 15. (Vetado).

Art. 16. (Vetado).

Art. 17. Para os efeitos desta Seção, equiparam-se aos consumidores todas as vítimas do evento.

Seção III – Da Responsabilidade por Vício do Produto e do Serviço

Art. 18. Os fornecedores de produtos de consumo duráveis ou não duráveis respondem solidariamente pelos vícios de qualidade ou quantidade que os tornem impróprios ou inadequados ao consumo a que se destinam ou lhes diminuam o valor, assim como por aqueles decorrentes da disparidade, com as indicações constantes do recipiente, da embalagem, rotulagem ou mensagem publicitária, respeitadas as variações decorrentes de sua natureza, podendo o consumidor exigir a substituição das partes viciadas.

§ 1º. Não sendo o vício sanado no prazo máximo de 30 (trinta) dias, pode o consumidor exigir, alternativamente e à sua escolha:

I – a substituição do produto por outro da mesma espécie, em perfeitas condições de uso;

II – a restituição imediata da quantia paga, monetariamente atualizada, sem prejuízo de eventuais perdas e danos;

III – o abatimento proporcional do preço.

§ 2º. Poderão as partes convencionar a redução ou ampliação do prazo previsto no parágrafo anterior, não podendo ser inferior a 7 (sete) nem superior a 180 (cento e oitenta) dias. Nos contratos de adesão, a cláusula de prazo deverá ser convencionada em separado, por meio de manifestação expressa do consumidor.

§ 3º. O consumidor poderá fazer uso imediato das alternativas do § 1º deste artigo sempre que, em razão da extensão do vício, a substituição das partes viciadas puder comprometer a qualidade ou características do produto, diminuir-lhe o valor ou se tratar de produto essencial.

§ 4º. Tendo o consumidor optado pela alternativa do inciso I do § 1º deste artigo, e não sendo possível a substituição do bem, poderá haver substituição por outro de espécie, marca ou modelo diversos, mediante complementação ou restituição de eventual diferença de preço, sem prejuízo do disposto nos incisos II e III do § 1º deste artigo.

§ 5º. No caso de fornecimento de produtos *in natura*, será responsável perante o consumidor o fornecedor imediato, exceto quando identificado claramente seu produtor.

§ 6º. São impróprios ao uso e ao consumo:

I – os produtos cujos prazos de validade estejam vencidos;

II – os produtos deteriorados, alterados, adulterados, avariados, falsificados, corrompidos, fraudados, nocivos à vida ou à saúde, perigosos ou, ainda, aqueles em desacordo com as normas regulamentares de fabricação, distribuição ou apresentação;

III – os produtos que, por qualquer motivo, se revelem inadequados ao fim a que se destinam.

Art. 19. Os fornecedores respondem solidariamente pelos vícios de quantidade do produto sempre que, respeitadas as variações decorrentes de sua natureza, seu conteúdo líquido for inferior às indicações constantes do recipiente, da embalagem, rotulagem ou de mensagem publicitária, podendo o consumidor exigir alternativamente e à sua escolha:

I – o abatimento proporcional do preço;

II – complementação de peso ou medida;

III – a substituição do produto por outro da mesma espécie, marca ou modelo, sem os aludidos vícios;

IV – a restituição imediata da quantia paga, monetariamente atualizada, sem prejuízo de eventuais perdas e danos.

§ 1º. Aplica-se a este artigo o disposto no § 4º do artigo anterior.

§ 2º. O fornecedor imediato será responsável quando fizer a pesagem ou a medição e o instrumento utilizado não estiver aferido segundo os padrões oficiais.

Art. 20. O fornecedor de serviços responde pelos vícios de qualidade que os tornem impróprios ao consumo ou lhes diminuam o valor, assim como por aqueles decorrentes da disparidade com as indicações constantes da oferta ou mensagem publicitária, podendo o consumidor exigir, alternativamente e à sua escolha:

I – a reexecução dos serviços, sem custo adicional e quando cabível;

II – a restituição imediata da quantia paga, monetariamente atualizada, sem prejuízo de eventuais perdas e danos;

III – o abatimento proporcional do preço.

§ 1º. A reexecução dos serviços poderá ser confiada a terceiros devidamente capacitados, por conta e risco do fornecedor.

§ 2º. São impróprios os serviços que se mostrem inadequados para os fins que razoavelmente deles se esperam, bem como aqueles que não atendam às normas regulamentares de prestabilidade.

Art. 21. No fornecimento de serviços que tenham por objetivo a reparação de qualquer produto considerar-se-á implícita a obrigação do fornecedor de empregar componentes de reposição originais adequados e novos, ou que mantenham as especificações técnicas do fabricante, salvo, quanto a estes últimos, autorização em contrário do consumidor.

Art. 22. Os órgãos públicos, por si ou suas empresas, concessionárias, permissionárias ou sob qualquer outra forma de empreendimento, são obrigados a fornecer serviços adequados, eficientes, seguros e, quanto aos essenciais, contínuos.

Parágrafo único. Nos casos de descumprimento, total ou parcial, das obrigações referidas neste artigo, serão as pessoas jurídicas compelidas a cumpri-las e a reparar os danos causados, na forma prevista neste Código.

Art. 23. A ignorância do fornecedor sobre os vícios de qualidade por inadequação dos produtos e serviços não o exime de responsabilidade.

Art. 24. A garantia legal de adequação do produto ou serviço independe de termo expresso, vedada a exoneração contratual do fornecedor.

Art. 25. É vedada a estipulação contratual de cláusula que impossibilite, exonere ou atenue a obrigação de indenizar prevista nesta e nas Seções anteriores.

§ 1º. Havendo mais de um responsável pela causação do dano, todos responderão solidariamente pela reparação prevista nesta e nas Seções anteriores.

§ 2º. Sendo o dano causado por componente ou peça incorporada ao produto ou serviço, são responsáveis solidários seu fabricante, construtor ou importador e quem realizou a incorporação.

Seção IV – Da Decadência e da Prescrição

Art. 26. O direito de reclamar pelo vícios aparentes ou de fácil constatação caduca em:

I – 30 (trinta) dias, tratando-se de fornecimento de serviço e de produtos não duráveis;

II – 90 (noventa) dias, tratando-se de fornecimento de serviço de produtos duráveis;

§ 1º. Inicia-se a contagem do prazo decadencial a partir da entrega efetiva do produto ou do término da execução dos serviços.

§ 2º. Obstam a decadência:

I – a reclamação comprovadamente formulada pelo consumidor perante o fornecedor de produtos e serviços até a resposta negativa correspondente, que deve ser transmitida de forma inequívoca;

II – (vetado);

III – a instauração de inquérito civil, até seu encerramento.

§ 3º. Tratando-se de vício oculto, o prazo decadencial inicia-se no momento em que ficar evidenciado o defeito.

Art. 27. Prescreve em 5 (cinco) anos a pretensão à reparação pelos danos causados por fato do produto ou do serviço prevista na Seção II deste Capítulo, iniciando-se a contagem do prazo a partir do conhecimento do dano e de sua autoria.

Parágrafo único. (Vetado).

Seção V – Da Desconsideração da Personalidade Jurídica

Art. 28. O juiz poderá desconsiderar a personalidade jurídica da sociedade quando, em detrimento do consumidor, houver abuso de direito, excesso de poder, infração da lei, fato ou ato ilícito ou violação dos estatutos ou contrato social. A desconsideração também será efetivada quando houver falência, estado de insolvência, encerramento ou inatividade da pessoa jurídica provocados por má administração.

§ 1º. (Vetado).

§ 2º. As sociedades integrantes dos grupos societários e as sociedades controladas são subsidiariamente responsáveis pelas obrigações decorrentes deste Código.

§ 3º. As sociedades consorciadas são solidariamente responsáveis pelas obrigações decorrentes deste Código.

§ 4º. As sociedades coligadas só responderão por culpa.

§ 5º. Também poderá ser desconsiderada a pessoa jurídica sempre que sua personalidade for, de alguma forma, obstáculo ao ressarcimento de prejuízos causados aos consumidores.

Capítulo V
Das Práticas Comerciais

Seção I – Das Disposições Gerais

Art. 29. Para os fins deste Capítulo e do seguinte, equiparam-se aos consumidores todas as pessoas determináveis ou não, expostas às práticas nele previstas.

Seção II – Da Oferta

Art. 30. Toda informação ou publicidade, suficientemente precisa, veiculada por qualquer forma ou meio de comunicação com relação a produtos e serviços oferecidos ou apresentados, obriga o fornecedor que a fizer veicular ou dela se utilizar e integra o contrato que vier a ser celebrado.

Art. 31. A oferta e apresentação de produtos ou serviços devem assegurar informações corretas, claras, precisas, ostensivas e em língua portuguesa sobre suas características, qualidade, quantidade, composição, preço, garantia, prazos de validade e origem, entre outros dados, bem como sobre os riscos que apresentam à saúde e segurança dos consumidores.

Parágrafo único. As informações de que trata este artigo, nos produtos refrigerados oferecidos ao consumidor, serão gravadas de forma indelével.

(*) *Parágrafo único acrescido pela Lei nº 11.989, de 27.7.2009.*

Art. 32. Os fabricantes e importadores deverão assegurar a oferta de componentes e peças de reposição enquanto não cessar a fabricação ou importação do produto.

Parágrafo único. Cessadas a produção ou importação, a oferta deverá ser mantida por período razoável de tempo, na forma da Lei.

Art. 33. Em caso de oferta ou venda por telefone ou reembolso postal, deve constar o nome do fabricante e endereço na embalagem, publicidade e em todos os impressos utilizados na transação comercial.

Parágrafo único. É proibida a publicidade de bens e serviços por telefone, quando a chamada for onerosa ao consumidor que a origina.

(*) *Parágrafo único acrescido pela Lei nº 11.800, de 29.10.2008.*

Art. 34. O fornecedor do produto ou serviço é solidariamente responsável pelos atos de seus prepostos ou representantes autônomos.

Art. 35. Se o fornecedor de produtos ou serviços recusar cumprimento à oferta, apresentação ou publicidade, o consumidor poderá, alternativamente e à sua livre escolha:

I – exigir o cumprimento forçado da obrigação, nos termos da oferta, apresentação ou publicidade;

II – aceitar outro produto ou prestação de serviço equivalente;

III – rescindir o contrato, com direito à restituição de quantia eventualmente antecipada, monetariamente atualizada, e a perdas e danos.

Seção III – Da Publicidade

Art. 36. A publicidade deve ser veiculada de tal forma que o consumidor, fácil e imediatamente a identifique como tal.

Parágrafo único. O fornecedor, na publicidade de seus produtos ou serviços, manterá em seu poder, para informação dos legítimos interessados, os dados fáticos, técnicos e científicos que dão sustentação à mensagem.

Art. 37. É proibida toda publicidade enganosa ou abusiva.

§ 1º. É enganosa qualquer modalidade de informação ou comunicação de caráter publicitário, inteira ou parcialmente falsa, ou, por qualquer outro modo, mesmo por omissão, capaz de induzir em erro o consumidor a respeito da natureza, características, qualidade, quantidade, propriedades, origem, preço e quaisquer outros dados sobre produtos e serviços.

§ 2º. É abusiva, dentre outras, a publicidade discriminatória de qualquer natureza, a que incite à violência, explore o medo ou a superstição, se aproveite da deficiência de julgamento e experiência da criança, desrespeita valores ambientais, ou seja capaz de induzir o consumidor a se comportar de forma prejudicial ou perigosa à sua saúde ou segurança.

§ 3º. Para os efeitos deste Código, a publicidade é enganosa por omissão quando deixar de informar sobre dado essencial do produto ou serviço.

§ 4º. (Vetado).

Art. 38. O ônus da prova da veracidade e correção da informação ou comunicação publicitária cabe a quem as patrocina.

Seção IV – Das Práticas Abusivas

Art. 39. É vedado ao fornecedor de produtos ou serviços, dentre outras práticas abusivas:

(*) *Art. 39,* caput, *com redação dada pela Lei nº 8.884, de 11.6.1994.*

I – condicionar o fornecimento de produto ou de serviço ao fornecimento de outro produto ou serviço, bem como, sem justa causa, a limites quantitativos;

II – recusar atendimento às demandas dos consumidores, na exata medida de suas disponibilidades de estoque, e, ainda, de conformidade com os usos e costumes;

III – enviar ou entregar ao consumidor, sem solicitação prévia, qualquer produto, ou fornecer qualquer serviço;

IV – prevalecer-se da fraqueza ou ignorância do consumidor, tendo em vista sua idade, saúde, conhecimento ou condição social, para impingir-lhe seus produtos ou serviços;

V – exigir do consumidor vantagem manifestamente excessiva;

VI – executar serviços sem a prévia elaboração de orçamento e autorização expressa do consumidor, ressalvadas as decorrentes de práticas anteriores entre as partes;

VII – repassar informação depreciativa referente a ato praticado pelo consumidor no exercício de seus direitos;

VIII – colocar, no mercado de consumo, qualquer produto ou serviço em desacordo com as normas expedidas pelo órgãos oficiais competentes ou, se normas específicas não existirem, pela Associação Brasileira de Normas Técnicas ou outra entidade credenciada pelo Conselho Nacional de Metrologia, Normalização e Qualidade Industrial – CONMETRO;

IX – recusar a venda de bens ou prestação de serviços, diretamente a quem se disponha a adquiri-los mediante pronto pagamento, ressalvados os casos de intermediação regulados em leis especiais;

(*) *Inciso IX com redação dada pela Lei nº 8.884, de 11.6.1994.*

X – elevar sem justa causa o preço de produtos ou serviços;

(*) *Inciso X com redação dada pela Lei nº 8.884, de 11.6.1994.*

♦ *A MP nº 1.890-67, de 22.10.1999, incluiu o inciso XI, que foi transformado em inciso XIII quando da sua conversão na Lei nº 9.870, de 23.11.1999, sem nada mencionar acerca do anterior inciso XI.*

XII – deixar de estipular prazo para o cumprimento de sua obrigação ou deixar a fixação de seu termo inicial a seu exclusivo critério.

(*) *Inciso XII acrescido pela Lei nº 9.008, de 21.3.1995.*

XIII – aplicar fórmula ou índice de reajuste diverso do legal ou contratualmente estabelecido;

(*) *Inciso XIII acrescido pela Lei nº 9.870, de 23.11.1999.*

XIV – permitir o ingresso em estabelecimentos comerciais ou de serviços de um número maior de consumidores que o fixado pela autoridade administrativa como máximo.

(*) *Inciso XIV acrescido pela Lei nº 13.425, de 30.3.2017.*

Parágrafo único. Os serviços prestados e os produtos remetidos ou entregues ao consumidor, na hipótese prevista no inciso III, equiparam-se às amostras grátis, inexistindo obrigação de pagamento.

Art. 40. O fornecedor de serviço será obrigado a entregar ao consumidor orçamento prévio discriminando o valor da mão de obra, dos materiais e equipamentos a serem empregados, as condições de pagamento, bem como as datas de início e término dos serviços.

§ 1º. Salvo estipulação em contrário, o valor orçado terá validade pelo prazo de 10 (dez) dias, contados de seu recebimento pelo consumidor.

§ 2º. Uma vez aprovado pelo consumidor, o orçamento obriga os contraentes e somente pode ser alterado mediante livre negociação das partes.

§ 3º. O consumidor não responde por quaisquer ônus ou acréscimos decorrentes da contratação de serviços de terceiros, não previstos no orçamento prévio.

Art. 41. No caso de fornecimento de produtos ou de serviços sujeitos ao regime de controle ou de tabelamento de preços, os fornecedores deverão respeitar os limites oficiais sob pena de, não o fazendo, responderem pela restituição da quantia recebida em excesso, monetariamente atualizada, podendo o consumidor exigir, à sua escolha, o desfazimento do negócio, sem prejuízo de outras sanções cabíveis.

Seção V – Da Cobrança de Dívidas

Art. 42. Na cobrança de débitos, o consumidor inadimplente não será exposto a ridículo, nem será submetido a qualquer tipo de constrangimento ou ameaça.

Parágrafo único. O consumidor cobrado em quantia indevida tem direito à repetição do indébito, por valor igual ao dobro do que pagou em excesso, acrescido de correção monetária e juros legais, salvo hipótese de engano justificável.

Art. 42-A. Em todos os documentos de cobrança de débitos apresentados ao consumidor, deverão constar o nome, o endereço e o número de inscrição no Cadastro de Pessoas Físicas – CPF ou no Cadastro Nacional de Pessoa Jurídica – CNPJ do fornecedor do produto ou serviço correspondente.

(*) *Art. 42-A acrescido pela Lei nº 12.039, de 1º.10.2010.*

Seção VI – Dos Bancos de Dados e Cadastros de Consumidores

Art. 43. O consumidor, sem prejuízo do disposto no art. 86, terá acesso às informações existentes em cadastros, fichas, registros e dados pessoais e de consumo arquivados sobre ele, bem como as suas respectivas fontes.

§ 1º. Os cadastros e dados de consumidores devem ser objetivos, claros, verdadeiros e em linguagem de fácil compreensão, não podendo conter informações negativas referentes a período superior a 5 (cinco) anos.

§ 2º. A abertura de cadastro, ficha, registro e dados pessoais e de consumo deverá ser comunicada por escrito ao consumidor, quando não solicitada por ele.

§ 3º. O consumidor, sempre que encontrar inexatidão nos seus dados e cadastros, poderá exigir sua imediata correção, devendo o arquivista, no prazo de 5 (cinco) dias úteis, comunicar a alteração aos eventuais destinatários das informações incorretas.

§ 4º. Os bancos de dados e cadastros relativos a consumidores, os serviços de proteção ao crédito e congêneres são considerados entidades de caráter público.

§ 5º. Consumada a prescrição relativa à cobrança de débitos do consumidor, não serão fornecidas, pelos respectivos Sistemas de Proteção ao Crédito, quaisquer informações que possam impedir ou dificultar novo acesso ao crédito junto aos fornecedores.

§ 6º. Todas as informações de que trata o *caput* deste artigo devem ser disponibilizadas em formatos acessíveis, inclusive para a pessoa com deficiência, mediante solicitação do consumidor.

(*) *§ 6º acrescido pela Lei nº 13.146, de 6.7.2015.*

Art. 44. Os órgãos públicos de defesa do consumidor manterão cadastros atualizados de reclamações fundamentadas contra fornecedores de produtos e serviços, devendo divulgá-los pública e anualmente. A divulgação indicará se a reclamação foi atendida ou não pelo fornecedor.

§ 1º. É facultado o acesso às informações lá constantes para orientação e consulta por qualquer interessado.

§ 2º. Aplicam-se a este artigo, no que couber, as mesmas regras enunciadas no artigo anterior e as do parágrafo único do art. 22 deste Código.

Art. 45. (Vetado).

Capítulo VI
Da Proteção Contratual

Seção I – Disposições Gerais

Art. 46. Os contratos que regulam relações de consumo não obrigarão os consumidores, se não lhes for dada a oportunidade de tomar conhecimento prévio de seu conteúdo, ou se os respectivos instrumentos forem redigidos de modo a dificultar a compreensão de seu sentido e alcance.

Art. 47. As cláusulas contratuais serão interpretadas de maneira mais favorável ao consumidor.

Art. 48. As declarações de vontade constantes de escritos particulares, recibos e pré-contratos relativos às relações de consumo vinculam o fornecedor, ensejando inclusive execução específica, nos termos do art. 84 e parágrafos.

Art. 49. O consumidor pode desistir do contrato, no prazo de 07 (sete) dias a contar de sua assinatura ou do ato de recebimento do produto ou serviço, sempre que a contratação de fornecimento de produtos e serviços ocorrer fora do estabelecimento comercial, especialmente por telefone ou a domicílio.

Parágrafo único. Se o consumidor exercitar o direito de arrependimento previsto neste artigo, os valores eventualmente pagos, a qualquer título, durante o prazo de reflexão, serão devolvidos, de imediato, monetariamente atualizados.

Art. 50. A garantia contratual é complementar à legal e será conferida mediante termo escrito.

Parágrafo único. O termo de garantia ou equivalente deve ser padronizado e esclarecer, de maneira adequada, em que consiste a mesma garantia, bem como a forma, o prazo e o lugar em que pode ser exercitada e os ônus a cargo do consumidor, devendo ser-lhe entregue, devidamente preenchido pelo fornecedor, no ato do fornecimento, acompanhado de manual de instrução, de instalação e uso de produto em linguagem didática, com ilustrações.

Seção II – Das Cláusulas Abusivas

Art. 51. São nulas de pleno direito, entre outras, as cláusulas contratuais relativas ao fornecimento de produtos e serviços que:

I – impossibilitem, exonerem ou atenuem a responsabilidade do fornecedor por vícios de qualquer natureza dos produtos e serviços ou impliquem renúncia ou disposição de direitos. Nas relações de consumo entre o fornecedor e o consumidor-pessoa jurídica, a indenização poderá ser limitada, em situações justificáveis;

II – subtraiam ao consumidor a opção de reembolso da quantia já paga, nos casos previstos neste Código;

III – transfiram responsabilidades a terceiros;

IV – estabeleçam obrigações consideradas iníquas, abusivas, que coloquem o consumidor em desvantagem exagerada, ou sejam incompatíveis com a boa-fé ou a equidade;

V – (vetado);

VI – estabeleçam inversão do ônus da prova em prejuízo do consumidor;

VII – determinem a utilização compulsória de arbitragem;

VIII – imponham representante para concluir ou realizar outro negócio jurídico pelo consumidor;

IX – deixem ao fornecedor a opção de concluir ou não o contrato, embora obrigando o consumidor;

X – permitam ao fornecedor, direta ou indiretamente, variação do preço de maneira unilateral;

XI – autorizem o fornecedor a cancelar o contrato unilateralmente, sem que igual direito seja conferido ao consumidor;

XII – obriguem o consumidor a ressarcir os custos de cobrança de sua obrigação, sem que igual direito lhe seja conferido contra o fornecedor;

XIII – autorizem o fornecedor a modificar unilateralmente o conteúdo ou a qualidade do contrato, após sua celebração;

XIV – infrinjam ou possibilitem a violação de normas ambientais;

XV – estejam em desacordo com o sistema de proteção ao consumidor;

XVI – possibilitem a renúncia do direito de indenização por benfeitorias necessárias;

XVII – condicionem ou limitem de qualquer forma o acesso aos órgãos do Poder Judiciário;

(*) *Inciso XVII acrescido pela Lei nº 14.181, de 1º.7.2021.*

XVIII – estabeleçam prazos de carência em caso de impontualidade das prestações mensais ou impeçam o restabelecimento integral dos direitos do consumidor e de seus meios de pagamento a partir da purgação da mora ou do acordo com os credores;

(*) *Inciso XVIII acrescido pela Lei nº 14.181, de 1º.7.2021.*

XIX – (vetado).

(*) *Inciso XIX acrescido pela Lei nº 14.181, de 1º.7.2021.*

§ 1º. Presume-se exagerada, entre outros casos, a vantagem que:

I – ofende os princípios fundamentais do sistema jurídico a que pertence;

II – restringe direitos ou obrigações fundamentais inerentes à natureza do contrato, de tal modo a ameaçar seu objeto ou o equilíbrio contratual;

III – se mostra excessivamente onerosa para o consumidor, considerando-se a natureza e conteúdo do contrato, o interesse das partes e outras circunstâncias peculiares ao caso.

§ 2º. A nulidade de uma cláusula contratual abusiva não invalida o contrato, exceto quando de sua ausência, apesar dos esforços de integração, decorrer ônus excessivo a qualquer das partes.

§ 3º. (Vetado).

§ 4º. É facultado a qualquer consumidor ou entidade que o represente requerer ao Ministério Público que ajuíze a competente ação para ser declarada a nulidade de cláusula contratual que contrarie o disposto neste Código ou de qualquer forma não assegure o justo equilíbrio entre os direitos e obrigações das partes.

Art. 52. No fornecimento de produtos ou serviços que envolva outorga de crédito ou concessão de financiamento ao consumidor, o fornecedor deverá, entre outros requisitos, informá-lo prévia e adequadamente sobre:

I – preço do produto ou serviço em moeda corrente nacional;

II – montante dos juros de mora e da taxa efetiva anual de juros;

III – acréscimos legalmente previstos;

IV – número e periodicidade das prestações;

V – soma total a pagar, com e sem financiamento.

§ 1º. As multas de mora decorrentes do inadimplemento de obrigações no seu termo não poderão ser superiores a 2% (dois por cento) do valor da prestação.

(*) *§ 1º com redação dada pela Lei nº 9.298, de 1º.8.1996.*

§ 2º. É assegurada ao consumidor a liquidação antecipada do débito, total ou parcialmente, mediante redução proporcional dos juros e demais acréscimos.

§ 3º. (Vetado).

Art. 53. Nos contratos de compra e venda de móveis ou imóveis mediante pagamento em prestações, bem como nas alienações fiduciárias em garantia, consideram-se nulas de pleno direito as cláusulas que estabeleçam a perda total das prestações pagas em benefício do credor que, em razão do inadimplemento, pleitear a resolução do contrato e a retomada do produto alienado.

§ 1º. (Vetado).

§ 2º. Nos contratos do sistema de consórcio de produtos duráveis, a compensação ou a restituição das parcelas quitadas, na forma deste artigo, terá descontada, além da vantagem econômica auferida com a fruição, os prejuízos que o desistente ou inadimplente causar ao grupo.

§ 3º. Os contratos de que trata o *caput* deste artigo serão expressos em moeda corrente nacional.

Seção III – Dos Contratos de Adesão

Art. 54. Contrato de adesão é aquele cujas cláusulas tenham sido aprovadas pela autoridade competente ou estabelecidas unilateralmente pelo fornecedor de produtos ou serviços, sem que o consumidor possa discutir ou modificar substancialmente seu conteúdo.

§ 1º. A inserção de cláusula no formulário não desfigura a natureza de adesão do contrato.

§ 2º. Nos contratos de adesão admite-se cláusula resolutória, desde que alternativa, cabendo a escolha ao consumidor, ressalvando-se o disposto no § 2º do artigo anterior.

§ 3º. Os contratos de adesão escritos serão redigidos em termos claros e com caracteres ostensivos e legíveis, cujo tamanho da fonte não será inferior ao corpo doze, de modo a facilitar sua compreensão pelo consumidor.

(*) *§ 3º com redação dada pela Lei nº 11.785, de 22.9.2008.*

§ 4º. As cláusulas que implicarem limitação de direito do consumidor deverão ser redigidas com destaque, permitindo sua imediata e fácil compreensão.

§ 5º. (Vetado).

Capítulo VI-A
Da Prevenção e do Tratamento do Superendividamento

(*) *Capítulo VI-A acrescido pela Lei nº 14.181, de 1º.7.2021.*

Art. 54-A. Este Capítulo dispõe sobre a prevenção do superendividamento da pessoa natural, sobre o crédito responsável e sobre a educação financeira do consumidor.

§ 1º. Entende-se por superendividamento a impossibilidade manifesta de o consumidor pessoa natural, de boa-fé, pagar a totalidade de suas dívidas de consumo, exigíveis e vincendas, sem comprometer seu mínimo existencial, nos termos da regulamentação.

§ 2º. As dívidas referidas no § 1º deste artigo englobam quaisquer compromissos financeiros assumidos decorrentes de relação de consumo, inclusive operações de crédito, compras a prazo e serviços de prestação continuada.

§ 3º. O disposto neste Capítulo não se aplica ao consumidor cujas dívidas tenham sido contraídas mediante fraude ou má-fé, sejam oriundas de contratos celebrados dolosamente com o propósito de não realizar o pagamento ou decorram da aquisição ou contratação de produtos e serviços de luxo de alto valor.

(*) *Art. 54-A acrescido pela Lei nº 14.181, de 1º.7.2021.*

Art. 54-B. No fornecimento de crédito e na venda a prazo, além das informações obrigatórias previstas no art. 52 deste Código e na legislação aplicável à matéria, o fornecedor ou o intermediário deverá informar o consumidor, prévia e adequadamente, no momento da oferta, sobre:

I – o custo efetivo total e a descrição dos elementos que o compõem;

II – a taxa efetiva mensal de juros, bem como a taxa dos juros de mora e o total de encargos, de qualquer natureza, previstos para o atraso no pagamento;

III – o montante das prestações e o prazo de validade da oferta, que deve ser, no mínimo, de 2 (dois) dias;

IV – o nome e o endereço, inclusive o eletrônico, do fornecedor;

V – o direito do consumidor à liquidação antecipada e não onerosa do débito, nos termos do § 2º do art. 52 deste Código e da regulamentação em vigor.

§ 1º. As informações referidas no art. 52 deste Código e no *caput* deste artigo devem constar de forma clara e resumida do próprio contrato, da fatura ou de instrumento apartado, de fácil acesso ao consumidor.

§ 2º. Para efeitos deste Código, o custo efetivo total da operação de crédito ao consumidor consistirá em taxa percentual anual e compreenderá todos os valores cobrados do consumidor, sem prejuízo do cálculo padronizado pela autoridade reguladora do sistema financeiro.

§ 3º. Sem prejuízo do disposto no art. 37 deste Código, a oferta de crédito ao consumidor e a oferta de venda a prazo, ou a fatura mensal, conforme o caso, devem indicar, no mínimo, o custo efetivo total, o agente financiador e a soma total a pagar, com e sem financiamento.

(*) *Art. 54-B acrescido pela Lei nº 14.181, de 1º.7.2021.*

Art. 54-C. É vedado, expressa ou implicitamente, na oferta de crédito ao consumidor, publicitária ou não:

I – (vetado);

II – indicar que a operação de crédito poderá ser concluída sem consulta a serviços de proteção ao crédito ou sem avaliação da situação financeira do consumidor;

III – ocultar ou dificultar a compreensão sobre os ônus e os riscos da contratação do crédito ou da venda a prazo;

IV – assediar ou pressionar o consumidor para contratar o fornecimento de produto, serviço ou crédito, principalmente se se tratar de consumidor idoso, analfabeto, doente ou em estado de vulnerabilidade agravada ou se a contratação envolver prêmio;

V – condicionar o atendimento de pretensões do consumidor ou o início de tratativas à renúncia ou à desistência de demandas judiciais, ao pagamento de honorários advocatícios ou a depósitos judiciais.

Parágrafo único. (Vetado).

(*) *Art. 54-C acrescido pela Lei nº 14.181, de 1º.7.2021.*

Art. 54-D. Na oferta de crédito, previamente à contratação, o fornecedor ou o intermediário deverá, entre outras condutas:

I – informar e esclarecer adequadamente o consumidor, considerada sua idade, sobre a natureza e a modalidade do crédito oferecido, sobre todos os custos incidentes, observado o disposto nos arts. 52 e 54-B deste Código, e sobre as consequências genéricas e específicas do inadimplemento;

II – avaliar, de forma responsável, as condições de crédito do consumidor, mediante análise das informações disponíveis em bancos de dados de proteção ao crédito, observado o disposto neste Código e na legislação sobre proteção de dados;

III – informar a identidade do agente financiador e entregar ao consumidor, ao garante e a outros coobrigados cópia do contrato de crédito.

Parágrafo único. O descumprimento de qualquer dos deveres previstos no *caput* deste artigo e nos arts. 52 e 54-C deste Código poderá acarretar judicialmente a redução dos juros, dos encargos ou de qualquer acréscimo ao principal e a dilação do prazo de pagamento previsto no contrato original, conforme a gravidade da conduta do fornecedor e as possibilidades financeiras do consumidor, sem prejuízo de outras sanções e de indenização por perdas e danos, patrimoniais e morais, ao consumidor.

(*) *Art. 54-D acrescido pela Lei nº 14.181, de 1º.7.2021.*

Art. 54-E. (Vetado).

(*) *Art. 54-E acrescido pela Lei nº 14.181, de 1º.7.2021.*

Art. 54-F. São conexos, coligados ou interdependentes, entre outros, o contrato principal de fornecimento de produto ou serviço e os contratos acessórios de crédito que lhe garantam o financiamento quando o fornecedor de crédito:

I – recorrer aos serviços do fornecedor de produto ou serviço para a preparação ou a conclusão do contrato de crédito;

II – oferecer o crédito no local da atividade empresarial do fornecedor de produto ou serviço financiado ou onde o contrato principal for celebrado.

§ 1º. O exercício do direito de arrependimento nas hipóteses previstas neste Código, no contrato principal ou no contrato de crédito, implica a resolução de pleno direito do contrato que lhe seja conexo.

§ 2º. Nos casos dos incisos I e II do *caput* deste artigo, se houver inexecução de qualquer das obrigações e deveres do fornecedor de produto ou serviço, o consumidor poderá requerer a rescisão do contrato não cumprido contra o fornecedor do crédito.

§ 3º. O direito previsto no § 2º deste artigo caberá igualmente ao consumidor:

I – contra o portador de cheque pós-datado emitido para aquisição de produto ou serviço a prazo;

II – contra o administrador ou o emitente de cartão de crédito ou similar quando o cartão de crédito ou similar e o produto ou serviço forem fornecidos pelo mesmo fornecedor ou por entidades pertencentes a um mesmo grupo econômico.

§ 4º. A invalidade ou a ineficácia do contrato principal implicará, de pleno direito, a do contrato de crédito que lhe seja conexo, nos termos do *caput* deste artigo, ressalvado ao fornecedor do crédito o direito de obter do fornecedor do produto ou serviço a devolução dos valores entregues, inclusive relativamente a tributos.

(*) *Art. 54-F acrescido pela Lei nº 14.181, de 1º.7.2021.*

Art. 54-G. Sem prejuízo do disposto no art. 39 deste Código e na legislação aplicável à matéria, é vedado ao fornecedor de produto ou serviço que envolva crédito, entre outras condutas:

I – realizar ou proceder à cobrança ou ao débito em conta de qualquer quantia que houver sido contestada pelo consumidor em compra realizada com cartão de crédito ou similar, enquanto não for adequadamente solucionada a controvérsia, desde que o consumidor haja notificado a administradora do cartão com antecedência de pelo menos 10 (dez) dias contados da data de vencimento da fatura, vedada a manutenção do valor na fatura seguinte e assegurado ao consumidor o direito de deduzir do total da fatura o valor em disputa e efetuar o pagamento da parte não contestada, podendo o emissor lançar como crédito em confiança o valor idêntico ao da transação contestada que tenha sido cobrada, enquanto não encerrada a apuração da contestação;

II – recusar ou não entregar ao consumidor, ao garante e aos outros coobrigados cópia da minuta do contrato principal de consumo ou do contrato de crédito, em papel ou outro suporte duradouro, disponível e acessível, e, após a conclusão, cópia do contrato;

III – impedir ou dificultar, em caso de utilização fraudulenta do cartão de crédito ou similar, que o consumidor peça e obtenha, quando aplicável, a anulação ou o imediato bloqueio do pagamento, ou ainda a restituição dos valores indevidamente recebidos.

§ 1º. Sem prejuízo do dever de informação e esclarecimento do consumidor e de entrega da minuta do contrato, no empréstimo cuja liquidação seja feita mediante consignação em folha de pagamento, a formalização e a entrega da cópia do contrato ou do instrumento de contratação ocorrerão após o fornecedor do crédito obter da fonte pagadora a indicação sobre a existência de margem consignável.

§ 2º. Nos contratos de adesão, o fornecedor deve prestar ao consumidor, previamente, as informações de que tratam o art. 52 e o *caput* do art. 54-B deste Código, além de outras porventura determinadas na legislação em vigor, e fica obrigado a entregar ao consumidor cópia do contrato, após a sua conclusão.

(*) *Art. 54-G acrescido pela Lei nº 14.181, de 1º.7.2021.*

Capítulo VII
Das Sanções Administrativas

Art. 55. A União, os Estados e o Distrito Federal, em caráter concorrente e nas suas respectivas áreas de atuação administrativa, baixarão normas relativas à produção, industrialização, distribuição e consumo de produtos e serviços.

§ 1º. A União, os Estados, o Distrito Federal e os Municípios fiscalizarão e controlarão a produção, industrialização, distribuição, a publicidade de produtos e serviços e o mercado de consumo, no interesse da preservação da vida, da saúde, da segurança, da informação e do bem-estar do consumidor, baixando as normas que se fizerem necessárias.

§ 2º. (Vetado).

§ 3º. Os órgãos federais, estaduais, do Distrito Federal e municipais com atribuições para fiscalizar e controlar o mercado de consumo manterão comissões permanentes para elaboração, revisão e atualização das normas referidas no § 1º, sendo obrigatória a participação dos consumidores e fornecedores.

§ 4º. Os órgãos oficiais poderão expedir notificações aos fornecedores para que, sob pena de desobediência, prestem informações sobre questões de interesse do consumidor, resguardado o segredo industrial.

Art. 56. As infrações das normas de defesa do consumidor ficam sujeitas, conforme o caso, às seguintes sanções administrativas, sem prejuízo das de natureza civil, penal e das definidas em normas específicas:

I – multa;

II – apreensão do produto;

III – inutilização do produto;

IV – cassação do registro do produto junto ao órgão competente;

V – proibição de fabricação do produto;

VI – suspensão de fornecimento de produtos ou serviço;

VII – suspensão temporária de atividade;

VIII – revogação de concessão ou permissão de uso;

IX – cassação de licença do estabelecimento ou de atividade;

X – interdição, total ou parcial, de estabelecimento, de obra ou de atividade;

XI – intervenção administrativa;

XII – imposição de contrapropaganda.

Parágrafo único. As sanções previstas neste artigo serão aplicadas pela autoridade administrativa, no âmbito de sua atribuição, podendo ser aplicadas cumulativamente, inclusive por medida cautelar antecedente ou incidente de procedimento administrativo.

Art. 57. A pena de multa, graduada de acordo com a gravidade da infração, a vantagem auferida e a condição econômica do fornecedor, será aplicada mediante procedimento administrativo, revertendo para o Fundo de que trata a Lei nº 7.347, de 24 de julho de 1985, os valores cabíveis à União, ou para os Fundos estaduais ou municipais de proteção ao consumidor nos demais casos.

(*) *Art. 57,* caput, *com redação dada pela Lei nº 8.656, de 21.5.1993.*

Parágrafo único. A multa será em montante não inferior a 200 (duzentas) e não superior a 3.000.000 (três milhões) de vezes o valor da Unidade Fiscal de Referência (Ufir), ou índice equivalente que venha a substituí-lo.

(*) *Parágrafo único acrescido pela Lei nº 8.703 de 6.9.1993.*

Art. 58. As penas de apreensão, de inutilização de produtos, de proibição de fabricação de produtos, de suspensão do fornecimento de produto ou serviço, de cassação do registro do produto e revogação da concessão ou permissão de uso serão aplicadas pela administração, mediante procedimento administrativo, assegurada ampla defesa, quando forem constatados vícios de quantidade ou de qualidade por inadequação ou insegurança do produto ou serviço.

Art. 59. As penas de cassação de alvará de licença, de interdição e de suspensão temporária da atividade, bem como a de intervenção administrativa serão aplicadas mediante procedimento administrativo, assegurada ampla defesa, quando o fornecedor reincidir na prática das infrações de maior gravidade previstas neste Código e na legislação de consumo.

§ 1º. A pena de cassação da concessão será aplicada à concessionária de serviço público quando violar obrigação legal ou contratual.

§ 2º. A pena de intervenção administrativa será aplicada sempre que as circunstâncias de fato desaconselharem a cassação de licença, a interdição ou suspensão da atividade.

§ 3º. Pendendo ação judicial na qual se discuta a imposição de penalidade administrativa, não haverá reincidência até o trânsito em julgado da sentença.

Art. 60. A imposição de contrapropaganda será cominada quando o fornecedor incorrer na prática de publicidade enganosa ou abusiva, nos termos do art. 36 e seus parágrafos sempre às expensas do infrator.

§ 1º. A contrapropaganda será divulgada pelo responsável da mesma forma, frequência e dimensão e, preferencialmente no mesmo veículo, local, espaço e horário, de forma capaz de desfazer o malefício da publicidade enganosa ou abusiva.

§ 2º. (Vetado).

§ 3º. (Vetado).

TÍTULO II – DAS INFRAÇÕES PENAIS

Art. 61. Constituem crimes contra as relações de consumo previstas neste Código, sem prejuízo do disposto no Código Penal e leis especiais, as condutas tipificadas nos artigos seguintes.

Art. 62. (Vetado).

Art. 63. Omitir dizeres ou sinais ostensivos sobre a nocividade ou periculosidade de produtos nas embalagens, nos invólucros, recipientes ou publicidade:

Pena – Detenção de 6 (seis) meses a 2 (dois) anos e multa.

§ 1º. Incorrerá nas mesmas penas quem deixar de alertar, mediante recomendações escritas ostensivas, sobre a periculosidade do serviço a ser prestado.

§ 2º. Se o crime é culposo:

Pena – Detenção de 1 (um) a 6 (seis) meses ou multa.

Art. 64. Deixar de comunicar à autoridade competente e aos consumidores a nocividade ou periculosidade de produtos cujo conhecimento seja posterior à sua colocação no mercado:

Pena – Detenção de 6 (seis) meses a 2 (dois) anos e multa.

Parágrafo único. Incorrerá nas mesmas penas quem deixar de retirar do mercado, imediatamente quando determinado pela autoridade competente, os produtos nocivos ou perigosos, na forma deste artigo.

Art. 65. Executar serviço de alto grau de periculosidade, contrariando determinação de autoridade competente:

Pena – Detenção de 6 (seis) meses a 2 (dois) anos e multa.

§ 1º. As penas deste artigo são aplicáveis sem prejuízo das correspondentes à lesão corporal e à morte.

(*) *§ 1º, primitivo parágrafo único, renumerado pela Lei nº 13.425, de 30.3.2017.*

§ 2º. A prática do disposto no inciso XIV do art. 39 desta Lei também caracteriza o crime previsto no *caput* deste artigo.

(*) *§ 2º acrescido pela Lei nº 13.425, de 30.3.2017.*

Art. 66. Fazer afirmação falsa ou enganosa, ou omitir informação relevante sobre a natureza, característica, qualidade, quantidade, segurança, desempenho, durabilidade, preço ou garantia de produtos ou serviços:

Pena – Detenção de 3 (três) meses a 1 (um) ano e multa.

§ 1º. Incorrerá nas mesmas penas quem patrocinar a oferta.

§ 2º. Se o crime é culposo:

Pena – Detenção de 1 (um) a 6 (seis) meses ou multa.

Art. 67. Fazer ou promover publicidade que sabe ou deveria saber ser enganosa ou abusiva:

Pena – Detenção de 3 (três) meses a 1 (um) ano e multa.

Parágrafo único. (Vetado).

Art. 68. Fazer ou promover publicidade que sabe ou deveria saber ser capaz de induzir o consumidor a se comportar de forma prejudicial ou perigosa à sua saúde ou segurança:

Pena – Detenção de 6 (seis) meses a 2 (dois) anos e multa.

Parágrafo único. (Vetado).

Art. 69. Deixar de organizar dados fáticos, técnicos e científicos que dão base à publicidade:

Pena – Detenção de 1 (um) a 6 (seis) meses ou multa.

Art. 70. Empregar, na reparação de produtos, peças ou componentes de reposição usados, sem autorização do consumidor:

Pena – Detenção de 3 (três) meses a 1 (um) ano e multa.

Art. 71. Utilizar, na cobrança de dívidas, de ameaça, coação, constrangimento físico ou moral, afirmações falsas, incorretas ou enganosas ou de qualquer outro procedimento que exponha o consumidor, injustificadamente, a ridículo ou interfira com seu trabalho, descanso ou lazer:

Pena – Detenção de 3 (três) meses a 1 (um) ano e multa.

Art. 72. Impedir ou dificultar o acesso do consumidor às informações que sobre ele constem em cadastros, bancos de dados, fichas e registros:

Pena – Detenção de 6 (seis) meses a 1 (um) ano ou multa.

Art. 73. Deixar de corrigir imediatamente informação sobre o consumidor constante de cadastro, banco de dados, fichas ou registros que sabe ou deveria saber ser inexata:

Pena – Detenção de 1 (um) a 6 (seis) meses ou multa.

Art. 74. Deixar de entregar ao consumidor o termo de garantia adequadamente preenchido e com especificação clara de seu conteúdo:

Pena – Detenção de 1 (um) a 6 (seis) meses ou multa.

Art. 75. Quem, de qualquer forma, concorrer para os crimes referidos neste Código incide nas penas a esses cominadas na medida de sua culpabilidade, bem como o diretor, administrador ou gerente da pessoa jurídica que promover, permitir ou por qualquer modo aprovar o fornecimento, oferta, exposição à venda ou manutenção em depósito de produtos ou a oferta e prestação de serviços nas condições por ele proibidas.

Art. 76. São circunstâncias agravantes dos crimes tipificados neste Código:

I – serem cometidos em época de grave crise econômica ou por ocasião de calamidade;

II – ocasionarem grave dano individual ou coletivo;

III – dissimular-se a natureza ilícita do procedimento;

IV – quando cometidos:

a) por servidor público, ou por pessoa cuja condição econômico-social seja manifestamente superior à da vítima;

b) em detrimento de operário ou rurícola; de menor de 18 (dezoito) ou de maior de 60 (sessenta) anos ou de pessoas portadoras de deficiência mental, interditadas ou não;

V – serem praticados em operações que envolvam alimentos, medicamentos ou quaisquer outros produtos ou serviços essenciais.

Art. 77. A pena pecuniária prevista nesta seção será fixada em dias-multa, correspondente ao mínimo e ao máximo de dias de duração da pena privativa da liberdade cominada ao crime. Na individualização desta multa, o juiz observará o disposto no art. 60, § 1º, do Código Penal♦.

> ♦ Decreto-Lei nº 2.848, de 7 de dezembro de 1940 – Código Penal: ***Art. 60.*** *Na fixação da pena de multa o juiz deve atender, principalmente, à situação econômica do réu. § 1º. A multa pode ser aumentada até o triplo, se o juiz considerar que, em virtude da situação econômica do réu, é ineficaz, embora aplicada no máximo. [...]*

Art. 78. Além das penas privativas de liberdade e de multa, podem ser impostas, cumulativa ou alternadamente, observado o disposto nos arts. 44 a 47 do Código Penal♦:

> ♦ Decreto-Lei nº 2.848, de 7 de dezembro de 1940 – Código Penal: ***Penas restritivas de direitos*** *[...]* ***Art. 44.*** *As penas restritivas de direitos são autônomas e substituem as privativas de liberdade, quando: I – aplicada pena privativa de liberdade não superior a 4 (quatro) anos e o crime não for cometido com violência ou grave ameaça à pessoa ou, qualquer que seja a pena aplicada, se o crime for culposo; II – o réu não for reincidente em crime doloso; III – a culpabilidade, os antecedentes, a conduta social e a personalidade do condenado, bem como os motivos e as circunstâncias indicarem que essa substituição seja suficiente. § 1º. (Vetado). § 2º. Na condenação igual ou inferior a 1 (um) ano, a substituição pode ser feita por multa ou por uma pena restritiva de direitos; se superior a 1 (um) ano, a pena privativa de liberdade pode ser substituída por uma pena restritiva de direitos e multa ou por duas restritivas de direitos. § 3º. Se o condenado for reincidente, o juiz poderá aplicar a substituição, desde que, em face de condenação anterior, a medida seja socialmente recomendável e a reincidência não se tenha operado em virtude da prática do mesmo crime. § 4º. A pena restritiva de direitos converte-se em privativa de liberdade quando ocorrer o descumprimento injustificado da restrição imposta. No cálculo da pena privati-*

va de liberdade a executar será deduzido o tempo cumprido da pena restritiva de direitos, respeitado o saldo mínimo de 30 (trinta) dias de detenção ou reclusão. § 5º. Sobrevindo condenação a pena privativa de liberdade, por outro crime, o juiz da execução penal decidirá sobre a conversão, podendo deixar de aplicá-la se for possível ao condenado cumprir a pena substitutiva anterior. ***Conversão das penas restritivas de direitos • Art. 45.*** *Na aplicação da substituição prevista no artigo anterior, proceder-se-á na forma deste e dos arts. 46, 47 e 48. § 1º. A prestação pecuniária consiste no pagamento em dinheiro à vítima, a seus dependentes ou a entidade pública ou privada com destinação social, de importância fixada pelo juiz, não inferior a 1 (um) salário-mínimo nem superior a 360 (trezentos e sessenta) salários-mínimos. O valor pago será deduzido do montante de eventual condenação em ação de reparação civil, se coincidentes os beneficiários. § 2º. No caso do parágrafo anterior, se houver aceitação do beneficiário, a prestação pecuniária pode consistir em prestação de outra natureza. § 3º. A perda de bens e valores pertencentes aos condenados dar-se-á, ressalvada a legislação especial, em favor do Fundo Penitenciário Nacional, e seu valor terá como teto – o que for maior – o montante do prejuízo causado ou do provento obtido pelo agente ou por terceiro, em consequência da prática do crime. § 4º. (Vetado).* ***Prestação de serviços à comunidade ou a entidades públicas • Art. 46.*** *A prestação de serviços à comunidade ou a entidades públicas é aplicável às condenações superiores a 6 (seis) meses de privação da liberdade. § 1º. A prestação de serviços à comunidade ou a entidades públicas consiste na atribuição de tarefas gratuitas ao condenado. § 2º. A prestação de serviço à comunidade dar-se-á em entidades assistenciais, hospitais, escolas, orfanatos e outros estabelecimentos congêneres, em programas comunitários ou estatais. § 3º. As tarefas a que se refere o § 1º serão atribuídas conforme as aptidões do condenado, devendo ser cumpridas à razão de 1 (uma) hora de tarefa por dia de condenação, fixadas de modo a não prejudicar a jornada normal de trabalho. § 4º. Se a pena substituída for superior a 1 (um) ano, é facultado ao condenado cumprir a pena substitutiva em menor tempo (art. 55), nunca inferior à metade da pena privativa de liberdade fixada.* ***Interdição temporária de direitos • Art. 47.*** *As penas de interdição temporária de direitos são: I – proibição do exercício de cargo, função ou atividade pública, bem como de mandato eletivo; II – proibição do exercício de profissão, atividade ou ofício que dependam de habilitação especial, de licença ou autorização do poder público; III – suspensão de autorização ou de habilitação para dirigir veículo; IV – proibição de frequentar determinados lugares; V – proibição de inscrever-se em concurso, avaliação ou exame públicos.*

I – a interdição temporária de direitos;

II – a publicação em órgãos de comunicação de grande circulação ou audiência, às expensas do condenado, de notícia sobre os fatos e a condenação;

III – a prestação de serviços à comunidade.

Art. 79. O valor da fiança, nas infrações de que trata este Código, será fixado pelo juiz, ou pela autoridade que presidir o inquérito, entre 100 (cem) e 200.000 (duzentas mil) vezes o valor do Bônus do Tesouro Nacional – BTN♦, ou índice equivalente que venha substituí-lo.

♦ *O BTN foi extinto pela Lei nº 8.177, de 1º.3.1991.*

Parágrafo único. Se assim recomendar a situação econômica do indiciado ou réu, a fiança poderá ser:

a) reduzida até a metade de seu valor mínimo;

b) aumentada pelo juiz até 20 (vinte) vezes.

Art. 80. No processo penal atinente aos crimes previstos neste Código, bem como a outros crimes e contravenções que envolvam relações de consumo, poderão intervir, como assistentes do Ministério Público, os legitimados indicados no art. 82, incisos III e IV, aos quais também é facultado propor ação penal subsidiária, se a denúncia não for oferecida no prazo legal.

TÍTULO III – DA DEFESA DO CONSUMIDOR EM JUÍZO

Capítulo I
Disposições Gerais

Art. 81. A defesa dos interesses e direitos dos consumidores e das vítimas poderá ser exercida em juízo individualmente, ou a título coletivo.

Parágrafo único. A defesa coletiva será exercida quando se tratar de:

I – interesses ou direitos difusos, assim entendidos, para efeitos deste Código, os transindividuais, de natureza indivisível, de que sejam titulares pessoas indeterminadas e ligadas por circunstâncias de fato;

II – interesses ou direitos coletivos, assim entendidos, para efeitos deste Código, os transindividuais de natureza indivisível de que seja titular grupo, categoria ou classe de pessoas ligadas entre si ou com a parte contrária por uma relação jurídica-base;

III – interesses ou direitos individuais homogêneos, assim entendidos os decorrentes de origem comum.

Art. 82. Para os fins do art. 81, parágrafo único, são legitimados concorrentemente:

(*) *Art. 82,* caput, *com redação dada pela Lei nº 9.008, de 21.3.1995.*

I – o Ministério Público;

II – a União, os Estados, os Municípios e o Distrito Federal;

III – as entidades e órgãos da Administração Pública, Direta ou Indireta, ainda que sem personalidade jurídica, especificamente destinados à defesa dos interesses e direitos protegidos por este Código;

IV – as associações legalmente constituídas há pelo menos 1 (um) ano e que incluam entre seus fins institucionais a defesa dos interesses e direitos protegidos por este Código, dispensada a autorização assemblear.

§ 1º. O requisito da pré-constituição pode ser dispensado pelo juiz, nas ações previstas no art. 91 e seguintes, quando haja manifesto interesse social evidenciado pela dimensão ou características do dano, ou pela relevância do bem jurídico a ser protegido.

§ 2º. (Vetado).

§ 3º. (Vetado).

Art. 83. Para a defesa dos direitos e interesses protegidos por este Código são admissíveis todas as espécies de ações capazes de propiciar sua adequada e efetiva tutela.

Parágrafo único. (Vetado).

Art. 84. Na ação que tenha por objeto o cumprimento da obrigação de fazer ou não fazer, o juiz concederá a tutela específica da obrigação ou determinará providências que assegurem o resultado prático equivalente ao do adimplemento.

§ 1º. A conversão da obrigação em perdas e danos somente será admissível se por elas optar o autor ou se impossível a tutela específica ou a obtenção do resultado prático correspondente.

§ 2º. A indenização por perdas e danos se fará sem prejuízo da multa (art. 287 do Código do Processo Civil)♦.

♦ *CPC/1973. Sem correspondência no CPC/2015.*

§ 3º. Sendo relevante o fundamento da demanda e havendo justificado receio de ineficácia do provimento final, é lícito ao juiz conceder a tutela liminarmente ou após justificação prévia, citado o réu.

§ 4º. O juiz poderá, na hipótese do § 3º ou na sentença, impor multa diária ao réu, independentemente de pedido do autor, se for suficiente ou compatível com a obrigação, fixando prazo razoável para o cumprimento do preceito.

§ 5º. Para a tutela específica ou para obtenção do resultado prático equivalente, poderá o juiz determinar as medidas necessárias, tais como busca e apreensão, remoção de coisas e pessoas, desfazimento de obra, impedimento de atividade nociva, além de requisição de força policial.

Art. 85. (Vetado).

Art. 86. (Vetado).

Art. 87. Nas ações coletivas de que trata este Código não haverá adiantamento de custas, emolumentos, honorários periciais e quaisquer outras despesas, nem condenação da associação autora, salvo comprovada má-fé, em honorários de advogados, custas e despesas processuais.

Parágrafo único. Em caso de litigância de má-fé, a associação autora e os diretores responsáveis pela propositura da ação serão solidariamente condenados em honorários advocatícios e ao décuplo das custas, sem prejuízo da responsabilidade por perdas e danos.

Art. 88. Na hipótese do art. 13, parágrafo único, deste Código, a ação de regresso poderá ser ajuizada em processo autônomo, facultada a possibilidade de prosseguir-se nos mesmos autos, vedada a denunciação da lide.

Art. 89. (Vetado).

Art. 90. Aplicam-se às ações previstas neste Título as normas do Código de Processo Civil e da Lei nº 7.347, de 24 de julho de 1985, inclusive no que respeita ao inquérito civil, naquilo que não contraria suas disposições.

Capítulo II
Das Ações Coletivas para a Defesa de Interesses Individuais Homogêneos

Art. 91. Os legitimados de que trata o art. 82 poderão propor, em nome próprio e no interesse das vítimas ou seus sucessores, ação civil coletiva de responsabilidade pelos danos individualmente sofridos, de acordo com o disposto nos artigos seguintes.

(*) *Art. 91 com redação dada pela Lei nº 9.008 de 21.3.1995.*

Art. 92. O Ministério Público, se não ajuizar a ação, atuará sempre como fiscal da lei.

Parágrafo único. (Vetado).

Art. 93. Ressalvada a competência da justiça federal, é competente para causa a justiça local:

I – no foro do lugar onde ocorreu ou deva ocorrer o dano, quando de âmbito local;

II – no foro da Capital do Estado ou no do Distrito Federal, para os danos de âmbito nacional ou regional, aplicando-se as regras do Código de Processo Civil aos casos de competência concorrente.

Art. 94. Proposta a ação, será publicado edital no órgão oficial, a fim de que os interessados possam intervir no processo como litisconsortes, sem prejuízo de ampla divulgação pelos meios de comunicação social por parte dos órgãos de defesa do consumidor.

Art. 95. Em caso de procedência do pedido, a condenação será genérica, fixando a responsabilidade do réu pelos danos causados.

Art. 96. (Vetado).

Art. 97. A liquidação e a execução de sentença poderão ser promovidas pela vítima e seus sucessores, assim como pelos legitimados de que trata o art. 82.

Parágrafo único. (Vetado).

Art. 98. A execução poderá ser coletiva, sendo promovida pelos legitimados de que trata o art. 82, abrangendo as vítimas cujas indenizações já tiverem sido fixadas em sentença de liquidação, sem prejuízo do ajuizamento de outras execuções.

(*) *Art. 98,* caput*, com redação dada pela Lei nº 9.008, de 21.3.1995.*

§ 1º. A execução coletiva far-se-á com base em certidão das sentenças de liquidação, da qual deverá constar a ocorrência ou não do trânsito em julgado.

§ 2º. É competente para a execução o Juízo:

I – da liquidação da sentença ou da ação condenatória, no caso de execução individual;

II – da ação condenatória, quando coletiva a execução.

Art. 99. Em caso de concurso de créditos decorrentes de condenação prevista na Lei nº 7.347, de 24 de julho de 1985, e de indenizações pelos prejuízos individuais resultantes do mesmo evento danoso, estas terão preferência no pagamento.

Parágrafo único. Para efeito do disposto neste artigo, a destinação da importância recolhida ao fundo criada pela Lei nº 7.347, de 24 de julho de 1985, ficará sustada enquanto pendentes de decisão de segundo grau as ações de indenização pelos danos individuais, salvo na hipótese de o patrimônio do devedor ser manifestamente suficiente para responder pela integralidade das dívidas.

Art. 100. Decorrido o prazo de 1 (um) ano sem habilitação de interessados em número compatível com a gravidade do dano, poderão os legitimados do art. 82 promover a liquidação e execução da indenização devida.

Parágrafo único. O produto da indenização devida reverterá para o Fundo criado pela Lei nº 7.347, de 24 de julho de 1985.

Capítulo III
Das Ações de Responsabilidade do Fornecedor de Produtos e Serviços

Art. 101. Na ação de responsabilidade civil do fornecedor de produtos e serviços, sem prejuízo do disposto nos Capítulos I e II deste Título, serão observadas as seguintes normas;

I – a ação pode ser proposta no domicílio do autor;

II – o réu que houver contratado seguro de responsabilidade poderá chamar ao processo o segurador, vedada a integração do contraditório pelo Instituto de Resseguros do Brasil. Nesta hipótese, a sentença que julgar procedente o pedido condenará o réu nos termos do art. 80 do Código de Processo Civil♦. Se o réu houver sido declarado falido, o síndico será intimado a informar a existência de seguro de responsabilidade facultando-se, em caso afirmativo, o ajuizamento de ação de indenização diretamente contra o segurador, vedada a denunciação da lide ao Instituto de Resseguros do Brasil e dispensado o litisconsórcio obrigatório com este.

♦ CPC/1973. V. Lei nº 13.105, de 16 de março de 2015 – Código de Processo Civil: ***Art. 132.*** *A sentença de procedência valerá como título executivo em favor do réu que satisfizer a dívida, a fim de que possa exigi-la, por inteiro, do devedor principal, ou, de cada um dos codevedores, a sua quota, na proporção que lhes tocar.*

Art. 102. Os legitimados a agir na forma deste Código poderão propor ação visando compelir o Poder Público competente a proibir, em todo o Território Nacional, a produção, divulgação, distribuição ou venda, ou a determinar alteração na composição, estrutura, fórmula ou acondicionamento de produto, cujo uso ou consumo regular se revele nocivo ou perigoso à saúde pública e à incolumidade pessoal.

§ 1º. (Vetado).

§ 2º. (Vetado).

Capítulo IV
Da Coisa Julgada

Art. 103. Nas ações coletivas de que trata este Código, a sentença fará coisa julgada:

I – *erga omnes*, exceto se o pedido for julgado improcedente por insuficiência de provas, hipótese em que qualquer legitimado poderá intentar outra ação, com idêntico fundamento, valendo-se de nova prova, na hipótese do inciso I do parágrafo único do art. 81;

II – *ultra partes*, mas limitadamente ao grupo, categoria ou classe, salvo improcedência por insuficiência de provas, nos termos do inciso anterior, quando se tratar da hipótese prevista no inciso II do parágrafo único do art. 81;

III – *erga omnes*, apenas no caso de procedência do pedido, para beneficiar todas as vítimas e seus sucessores, na hipótese do inciso III do parágrafo único do art. 81.

§ 1º. Os efeitos da coisa julgada previstos nos incisos I e II não prejudicarão interesses e direitos individuais dos integrantes da coletividade, do grupo, categoria ou classe.

§ 2º. Na hipótese prevista no inciso III, em caso de improcedência do pedido, os interessados que não tiverem intervindo no processo como litisconsortes poderão propor ação de indenização a título individual.

§ 3º. Os efeitos da coisa julgada de que cuida o art. 16, combinado com o art. 13 da Lei nº 7.347, de 24 de julho de 1985, não prejudicarão as ações de indenização por danos pessoalmente sofridos, propostas individualmente ou na forma prevista neste Código, mas, se procedente o pedido, beneficiarão as vítimas e seus sucessores, que poderão proceder à liquidação e à execução nos termos dos arts. 96 a 99.

§ 4º. Aplica-se o disposto no parágrafo anterior à sentença penal condenatória.

Art. 104. As ações coletivas, previstas nos incisos I e II do parágrafo único do art. 81, não induzem litispendência para as ações individuais, mas os efeitos da coisa julgada *erga omnes* ou *ultra partes* a que aludem os incisos II e III do artigo anterior não beneficiarão os autores das ações individuais, se não for requerida sua suspensão no prazo de 30 (trinta) dias, a contar da ciência nos autos do ajuizamento da ação coletiva.

Capítulo V
Da Conciliação no Superendividamento

(*) *Capítulo V acrescido pela Lei nº 14.181, de 1º.7.2021.*

Art. 104-A. A requerimento do consumidor superendividado pessoa natural, o juiz poderá instaurar processo de repactuação de dívidas, com vistas à realização de audiência conciliatória, presidida por ele ou por conciliador credenciado no juízo, com a presença de todos os credores de dívidas previstas no art. 54-A deste Código, na qual o consumidor apresentará proposta de plano de pagamento com prazo máximo de 5 (cinco) anos, preservados o mínimo existencial, nos termos da regulamentação, e as garantias e as formas de pagamento originalmente pactuadas.

§ 1º. Excluem-se do processo de repactuação as dívidas, ainda que decorrentes de relações de consumo, oriundas de contratos celebrados dolosamente sem o propósito de realizar pagamento, bem como as dívidas provenientes de contratos de crédito com garantia real, de financiamentos imobiliários e de crédito rural.

§ 2º. O não comparecimento injustificado de qualquer credor, ou de seu procurador com poderes especiais e plenos para transigir, à audiência de conciliação de que trata o *caput* deste artigo acarretará a suspensão da exigibilidade do débito e a interrupção dos encargos da mora, bem como a sujeição compulsória ao plano de pagamento da dívida se o montante devido ao credor ausente for certo e conhecido pelo consumidor, devendo o pagamento a esse credor ser estipulado para ocorrer apenas após o pagamento aos credores presentes à audiência conciliatória.

§ 3º. No caso de conciliação, com qualquer credor, a sentença judicial que homologar o acordo descreverá o plano de pagamento da dívida e terá eficácia de título executivo e força de coisa julgada.

§ 4º. Constarão do plano de pagamento referido no § 3º deste artigo:

I – medidas de dilação dos prazos de pagamento e de redução dos encargos da dívida ou da remuneração do fornecedor, entre outras destinadas a facilitar o pagamento da dívida;

II – referência à suspensão ou à extinção das ações judiciais em curso;

III – data a partir da qual será providenciada a exclusão do consumidor de bancos de dados e de cadastros de inadimplentes;

IV – condicionamento de seus efeitos à abstenção, pelo consumidor, de condutas que importem no agravamento de sua situação de superendividamento.

§ 5º. O pedido do consumidor a que se refere o *caput* deste artigo não importará em declaração de insolvência civil e poderá ser repetido somente após decorrido o prazo de 2 (dois) anos, contado da liquidação das obrigações previstas no plano de pagamento homologado, sem prejuízo de eventual repactuação.

(*) *Art. 104-A acrescido pela Lei nº 14.181, de 1º.7.2021.*

Art. 104-B. Se não houver êxito na conciliação em relação a quaisquer credores, o juiz, a pedido do consumidor, instaurará processo por superendividamento para revisão e integração dos contratos e repactuação das dívidas remanescentes mediante plano judicial compulsório e procederá à citação de todos os credores cujos créditos não tenham integrado o acordo porventura celebrado.

§ 1º. Serão considerados no processo por superendividamento, se for o caso, os documentos e as informações prestadas em audiência.

§ 2º. No prazo de 15 (quinze) dias, os credores citados juntarão documentos e as razões da negativa de aceder ao plano voluntário ou de renegociar.

§ 3º. O juiz poderá nomear administrador, desde que isso não onere as partes, o qual, no prazo de até 30 (trinta) dias, após cumpridas as diligências eventualmente necessárias, apresentará plano de pagamento que contemple medidas de temporização ou de atenuação dos encargos.

§ 4º. O plano judicial compulsório assegurará aos credores, no mínimo, o valor do principal devido, corrigido monetariamente por índices oficiais de preço, e preverá a liquidação total da dívida, após a quitação do plano de pagamento consensual previsto no art. 104-A deste Código, em, no máximo, 5 (cinco) anos, sendo que a primeira parcela será devida no prazo máximo de 180 (cento e oitenta) dias, contado de sua homologação judicial, e o restante do saldo será devido em parcelas mensais iguais e sucessivas.

(*) *Art. 104-B acrescido pela Lei nº 14.181, de 1º.7.2021.*

Art. 104-C. Compete concorrente e facultativamente aos órgãos públicos integrantes do Sistema Nacional de Defesa do Consumidor a fase conciliatória e preventiva do processo de repactuação de dívidas, nos moldes do art. 104-A deste Código, no que couber, com possibilidade de o processo ser regulado por convênios específicos celebrados entre os referidos órgãos e as instituições credoras ou suas associações.

§ 1º. Em caso de conciliação administrativa para prevenir o superendividamento do consumidor pessoa natural, os órgãos públicos poderão promover, nas reclamações individuais, audiência global de conciliação com todos os credores e, em todos os casos, facilitar a elaboração de plano de pagamento, preservado o mínimo existencial, nos termos da regulamentação, sob a supervisão desses órgãos, sem prejuízo das demais atividades de reeducação financeira cabíveis.

§ 2º. O acordo firmado perante os órgãos públicos de defesa do consumidor, em caso de superendividamento do consumidor pessoa natural, incluirá a data a partir da qual será providenciada a exclusão do consumidor de bancos de dados e de cadastros de inadimplentes, bem como o condicionamento de seus efeitos à abstenção, pelo consumidor, de condutas que importem no agravamento de sua situação de superendividamento, especialmente a de contrair novas dívidas.

(*) *Art. 104-C acrescido pela Lei nº 14.181, de 1º.7.2021.*

TÍTULO IV – DO SISTEMA NACIONAL DE DEFESA DO CONSUMIDOR

Art. 105. Integram o Sistema Nacional de Defesa do Consumidor – SNDC, os órgãos federais, estaduais, do Distrito Federal e municipais e as entidades privadas de defesa do consumidor.

Art. 106. O Departamento Nacional de Defesa do Consumidor, da Secretaria Nacional de Direito Econômico – MJ, ou órgão federal que venha substituí-lo, é organismo de coordenação da política do Sistema Nacional de Defesa do Consumidor, cabendo-lhe:

I – planejar, elaborar, propor, coordenar e executar a política nacional de proteção ao consumidor;

II – receber, analisar, avaliar e encaminhar consultas, denúncias ou sugestões apresentadas por entidades representativas ou pessoas jurídicas de direito público ou privado;

III – prestar aos consumidores orientação permanente sobre seus direitos e garantias;

IV – informar, conscientizar e motivar o consumidor através dos diferentes meios de comunicação;

V – solicitar à Polícia Judiciária a instauração de inquérito policial para a apreciação de delito contra os consumidores, nos termos da legislação vigente;

VI – representar ao Ministério Público competente para fins de adoção de medidas processuais no âmbito de suas atribuições;

VII – levar ao conhecimento dos órgãos competentes as infrações de ordem administrativa que violarem os interesses difusos, coletivos, ou individuais dos consumidores;

VIII – solicitar o concurso de órgãos e entidades da União, Estados, do Distrito Federal e os Municípios, bem como auxiliar a fiscalização de preços, abastecimento, quantidade e segurança de bens e serviços;

IX – incentivar, inclusive com recursos financeiros e outros programas especiais, a formação de entidades de defesa do consumidor pela população e pelos órgãos públicos estaduais e municipais;

X – (vetado);

XI – (vetado);

XII – (vetado);

XIII – desenvolver outras atividades compatíveis com suas finalidades.

Parágrafo único. Para a consecução de seus objetivos, o Departamento Nacional de Defesa do Consumidor poderá solicitar o concurso de órgãos e entidades de notória especialização técnico-científica.

TÍTULO V – DA CONVENÇÃO COLETIVA DE CONSUMO

Art. 107. As entidades civis de consumidores e as associações de fornecedores ou sindicatos de categoria econômica podem regular, por convenção escrita, relações de consumo que tenham por objeto estabelecer condições relativas ao preço, à qualidade, à quantidade, à garantia e características de produtos e serviços, bem como à reclamação e composição do conflito de consumo.

§ 1º. A convenção tornar-se-á obrigatória a partir do registro do instrumento no cartório de títulos e documentos.

§ 2º. A convenção somente obrigará os filiados às entidades signatárias.

§ 3º. Não se exime de cumprir a convenção o fornecedor que se desligar da entidade em data posterior ao registro do instrumento.

Art. 108. (Vetado).

TÍTULO VI – DISPOSIÇÕES FINAIS

Art. 109. (Vetado).

Art. 110. Acrescente-se o seguinte inciso IV ao art. 1º da Lei nº 7.347, de 24 de julho de 1985:

"IV – a qualquer outro interesse difuso ou coletivo".

Art. 111. O inciso II do art. 5º da Lei nº 7.347, de 24 de julho de 1985, passa a ter a seguinte redação:

"II – inclua, entre suas finalidades institucionais, a proteção ao meio ambiente, ao consumidor, ao patrimônio artístico, estético, histórico, turístico e paisagístico, ou a qualquer outro interesse difuso ou coletivo".

Art. 112. O § 3º do art. 5º da Lei nº 7.347, de 24 de julho de 1985, passa a ter a seguinte redação:

"§ 3º. Em caso de desistência infundada ou abandono da ação por associação legitimada, o Ministério Público ou outro legitimado assumirá a titularidade ativa".

Art. 113. Acrescente-se os seguintes §§ 4º, 5º e 6º ao art. 5º da Lei nº 7.347, de 24 de julho de 1985:

"§ 4º. O requisito da pré-constituição poderá ser dispensado pelo juiz, quando haja manifesto interesse social evidenciado pela dimensão ou característica do dano, ou pela relevância do bem jurídico a ser protegido.

§ 5º. Admitir-se-á o litisconsórcio facultativo entre os Ministérios Públicos da União, do Distrito Federal e dos Estados na defesa dos interesses e direitos de que cuida esta lei.

§ 6º. Os órgãos públicos legitimados poderão tomar dos interessados compromisso de ajustamento de sua conduta às exigências legais, mediante combinações, que terá eficácia de título executivo extrajudicial".

Art. 114. O art. 15 da Lei nº 7.347, de 24 de julho de 1985, passa a ter a seguinte redação:

*"**Art. 15.** Decorridos sessenta dias do trânsito em julgado da sentença condenatória, sem que a associação autora lhe promova a execução, deverá fazê-lo o Ministério Público, facultada igual iniciativa aos demais legitimados".*

Art. 115. Suprima-se o *caput* do art. 17 da Lei nº 7.347, de 24 de julho de 1985, passando o parágrafo único a constituir o *caput*, com a seguinte redação:

*"**Art. 17.** Em caso de litigância de má-fé, a associação autora e os diretores responsáveis pela propositura da ação serão solidariamente condenados em honorários advocatícios e ao décuplo das custas, sem prejuízo da responsabilidade por perdas e danos".*

Art. 116. Dê-se a seguinte redação ao art. 18 da Lei nº 7.347, de 24 de julho de 1985:

*"**Art. 18.** Nas ações de que trata esta lei, não haverá adiantamento de custas, emolumentos, honorários periciais e quaisquer outras despesas, nem condenação da associação autora, salvo comprovada má-fé, em honorários de advogado, custas e despesas processuais".*

Art. 117. Acrescente-se à Lei nº 7.347, de 24 de julho de 1985, o seguinte dispositivo, renumerando-se os seguintes:

*"**Art. 21.** Aplicam-se à defesa dos direitos e interesses difusos, coletivos e individuais, no que for cabível, os dispositivos do Título III da lei que instituiu o Código de Defesa do Consumidor".*

Art. 118. Este Código entrará em vigor dentro de 180 (cento e oitenta) dias a contar de sua publicação.

Art. 119. Revogam-se as disposições em contrário.

Brasília, 11 de setembro de 1990; 169º da Independência e 102º da República.

Fernando Collor de Mello – DOU de 12.9.1990

DECRETO Nº 2.181, DE 20 DE MARÇO DE 1997

(*) *Atualizado até as alterações promovidas pelo Decreto nº 10.887, de 7 de dezembro de 2021.*

Dispõe sobre a organização do Sistema Nacional de Defesa do Consumidor (SNDC), estabelece as normas gerais de aplicação das sanções administrativas previstas na Lei nº 8.078, de 11 de setembro de 1990, revoga o Decreto nº 861, de 9 de julho de 1993, e dá outras providências.

(*) *Ementa com redação dada pelo Decreto nº 7.738, de 28.5.2012.*

O Presidente da República, no uso da atribuição que lhe confere o art. 84, inciso IV, da Constituição, e tendo em vista o disposto na Lei nº 8.078, de 11 de setembro de 1990, decreta:

Art. 1º. Fica organizado o Sistema Nacional de Defesa do Consumidor (SNDC), e estabelecidas as normas gerais de aplicação das sanções administrativas, nos termos da Lei nº 8.078, de 11 de setembro de 1990.

Capítulo I
Do Sistema Nacional de Defesa do Consumidor

Art. 2º. Integram o SNDC a Secretaria Nacional do Consumidor do Ministério da Justiça e os demais órgãos federais, estaduais, do Distrito Federal, municipais e as entidades civis de defesa do consumidor.

(*) *Art. 2º com redação dada pelo Decreto nº 7.738, de 28.5.2012.*

Capítulo II
Da Competência dos Órgãos Integrantes do SNDC

Art. 3º. Compete à Secretaria Nacional do Consumidor do Ministério da Justiça a coordenação da política do Sistema Nacional de Defesa do Consumidor, cabendo-lhe:

(*) *Art. 3º,* caput, *com redação dada pelo Decreto nº 7.738, de 28.5.2012.*

I – planejar, elaborar, propor, coordenar e executar a política nacional de proteção e defesa do consumidor;

II – receber, analisar, avaliar e apurar consultas e denúncias apresentadas por entidades representativas ou pessoas jurídicas de direito público ou privado ou por consumidores individuais;

III – prestar aos consumidores orientação permanente sobre seus direitos e garantias;

IV – informar, conscientizar e motivar o consumidor, por intermédio dos diferentes meios de comunicação;

V – solicitar à polícia judiciária a instauração de inquérito para a apuração de delito contra o consumidor, nos termos da legislação vigente;

VI – representar ao Ministério Público competente, para fins de adoção de medidas processuais, penais e civis, no âmbito de suas atribuições;

VII – levar ao conhecimento dos órgãos competentes as infrações de ordem administrativa que violarem os interesses difusos, coletivos ou individuais dos consumidores;

VIII – solicitar o concurso de órgãos e entidades da União, dos Estados, do Distrito Federal e dos Municípios, bem como auxiliar na fiscalização de preços, abastecimentos, quantidade e segurança de produtos e serviços.

IX – incentivar, inclusive com recursos financeiros e outros programas especiais, a criação de órgãos públicos estaduais e municipais de defesa do consumidor e a formação, pelos cidadãos, de entidades com esse mesmo objetivo;

X – fiscalizar e aplicar as sanções administrativas previstas na Lei nº 8.078, de 1990, e em outras normas pertinentes à defesa do consumidor;

XI – solicitar o concurso de órgãos e entidades de notória especialização técnico-científica para a consecução de seus objetivos;

XII – celebrar convênios e termos de ajustamento de conduta, na forma do § 6º do art. 5º da Lei nº 7.347, de 24 de julho de 1985;

(*) *Inciso XII com redação dada pelo Decreto nº 7.738, de 28.5.2012.*

XIII – elaborar e divulgar o cadastro nacional de reclamações fundamentadas contra fornecedores de produtos e serviços, a que se refere o art. 44 da Lei nº 8.078, de 1990;

XIV – desenvolver outras atividades compatíveis com suas finalidades.

Art. 4º. No âmbito de sua jurisdição e competência, caberá ao órgão estadual, do Distrito Federal e municipal de proteção e defesa do consumidor, criado, na forma da lei, especificamente para este fim, exercitar as atividades contidas nos incisos II a XII do art. 3º deste Decreto e, ainda:

I – planejar, elaborar, propor, coordenar e executar a política estadual, do Distrito Federal e municipal de proteção e defesa do consumidor, nas suas respectivas áreas de atuação;

II – dar atendimento aos consumidores, processando, regularmente, as reclamações fundamentadas;

III – fiscalizar as relações de consumo;

IV – funcionar, no processo administrativo, como instância de instrução e julgamento, no âmbito de sua competência, dentro das regras fixadas pela Lei nº 8.078, de 1990, pela legislação complementar e por este Decreto;

V – elaborar e divulgar anualmente, no âmbito de sua competência, o cadastro de reclamações fundamentadas contra fornecedores de produtos e serviços, de que trata o art. 44 da Lei nº 8.078, de 1990 e remeter cópia à Secretaria Nacional do Consumidor do Ministério da Justiça;

(*) *Inciso V com redação dada pelo Decreto nº 7.738, de 28.5.2012.*

VI – desenvolver outras atividades compatíveis com suas finalidades.

Art. 5º. Qualquer entidade ou órgão da Administração Pública federal, estadual e municipal, destinado à defesa dos interesses e direitos do consumidor, tem, no âmbito de suas respectivas competências, atribuição para apurar e punir infrações a este Decreto e à legislação das relações de consumo.

Parágrafo único. Se instaurado mais de um processo administrativo por pessoas jurídicas de direito público distintas, para apuração de infração decorrente de um mesmo fato imputado ao mesmo fornecedor, eventual conflito de competência será dirimido pela Secretaria Nacional do Consumidor do Ministério da Justiça e Segurança Pública, que poderá ouvir o Conselho Nacional de Defesa do Consumidor, considerada a competência federativa para legislar sobre a respectiva atividade econômica.

(*) *Parágrafo único com redação dada pelo Decreto nº 10.417, de 7.7.2020.*

Art. 6º. As entidades e órgãos da Administração Pública destinados à defesa dos interesses e direitos protegidos pelo Código de Defesa do Consumidor poderão celebrar compromissos de ajustamento de conduta às exigências legais, nos termos do § 6º do art. 5º da Lei nº 7.347, de 1985, na órbita de suas respectivas competências.

§ 1º. A celebração de termo de ajustamento de conduta não impede que outro, desde que mais vantajoso para o consumidor, seja lavrado por quaisquer das pessoas jurídicas de direito público integrantes do SNDC.

§ 2º. A qualquer tempo, o órgão subscritor poderá, diante de novas informações ou se assim as circunstâncias o exigirem, retificar ou complementar o acordo firmado, determinando outras providências que se fizerem necessárias, sob pena de invalidade imediata do ato, dando-se seguimento ao procedimento administrativo eventualmente arquivado.

§ 3º. O compromisso de ajustamento conterá, entre outras, cláusulas que estipulem condições sobre:

I – obrigação do fornecedor de adequar sua conduta às exigências legais, no prazo ajustado;

II – pena pecuniária, diária, pelo descumprimento do ajustado, levando-se em conta os seguintes critérios:

a) o valor global da operação investigada;

b) o valor do produto ou serviço em questão;

c) os antecedentes do infrator;

d) a situação econômica do infrator.

III – ressarcimento das despesas de investigação da infração e instrução do procedimento administrativo.

§ 4º. A celebração do compromisso de ajustamento suspenderá o curso do processo administrativo, se instaurado, que somente será arquivado após atendidas todas as condições estabelecidas no respectivo termo.

§ 5º. O descumprimento do termo de ajustamento de conduta acarretará a perda dos benefícios concedidos ao compromissário, sem prejuízo da pena pecuniária diária a que se refere o inciso II do *caput* do § 3º.

(*) *§ 5º acrescido pelo Decreto nº 10.887, de 7.12.2021.*

§ 6º. Os recursos provenientes de termo de ajustamento de conduta deverão ser utilizados nos termos do disposto no art. 13 da Lei nº 7.347, de 1985.

(*) *§ 6º acrescido pelo Decreto nº 10.887, de 7.12.2021.*

Art. 6º-A. O termo de ajustamento de conduta poderá estipular obrigações de fazer ou compensatórias a serem cumpridas pelo compromissário.

Parágrafo único. As obrigações de que trata o *caput* deverão ser estimadas, preferencialmente, em valor monetário.

(*) *Art. 6º-A acrescido pelo Decreto nº 10.887, de 7.12.2021.*

Art. 7º. Compete aos demais órgãos públicos federais, estaduais, do Distrito Federal e municipais que passarem a integrar o SNDC fiscalizar as relações de consumo, no âmbito de sua competência, e autuar, na forma da legislação, os responsáveis por práticas que violem os direitos do consumidor.

Art. 8º. As entidades civis de proteção e defesa do consumidor, legalmente constituídas, poderão:

I – encaminhar denúncias aos órgãos públicos de proteção e defesa do consumidor, para as providências legais cabíveis;

II – representar o consumidor em juízo, observado o disposto no inciso IV do art. 82 da Lei nº 8.078, de 1990;

III – exercer outras atividades correlatas.

Capítulo III
Da Fiscalização, das Práticas Infrativas e das Penalidades Administrativas

Seção I – Da Fiscalização

Art. 9º. A fiscalização das relações de consumo de que tratam a Lei nº 8.078, de 1990, este Decreto e as demais normas de defesa do consumidor será exercida em todo o território nacional pela Secretaria Nacional do Consumidor do Ministério da Justiça, pelos órgãos federais integrantes do Sistema Nacional de Defesa do Consumidor, pelos órgãos conveniados com a Secretaria e pelos órgãos de proteção e defesa do consumidor criados pelos Estados, Distrito Federal e Municípios, em suas respectivas áreas de atuação e competência.

(*) *Art. 9º com redação dada pelo Decreto nº 7.738, de 28.5.2012.*

Art. 10. A fiscalização de que trata este Decreto será efetuada por agentes fiscais, oficialmente designados, vinculados aos respectivos órgãos de proteção e defesa do consumidor, no âmbito federal, estadual, do Distrito Federal e municipal, devidamente credenciados mediante Cédula de Identificação Fiscal, admitida a delegação mediante convênio.

Art. 11. Sem exclusão da responsabilidade dos órgãos que compõem o SNDC, os agentes de que trata o artigo anterior responderão pelos atos que praticarem quando investidos da ação fiscalizadora.

Seção II – Das Práticas Infrativas

Art. 12. São consideradas práticas infrativas:

(*) *Vide art. 51 da Lei nº 8.078, de 11.9.1990 (Código de Defesa do Consumidor).*

I – condicionar o fornecimento de produto ou serviço ao fornecimento de outro produto ou serviço, bem como, sem justa causa, a limites quantitativos;

II – recusar atendimento às demandas dos consumidores na exata medida de sua disponibilidade de estoque e, ainda, de conformidade com os usos e costumes;

III – recusar, sem motivo justificado, atendimento à demanda dos consumidores de serviços;

IV – enviar ou entregar ao consumidor qualquer produto ou fornecer qualquer serviço, sem solicitação prévia;

V – prevalecer-se da fraqueza ou ignorância do consumidor, tendo em vista sua idade, saúde, conhecimento ou condição social, para impingir-lhe seus produtos ou serviços;

VI – exigir do consumidor vantagem manifestamente excessiva;

VII – executar serviços sem a prévia elaboração de orçamento e autorização expressa do consumidor, ressalvadas as decorrentes de práticas anteriores entre as partes;

VIII – repassar informação depreciativa referente a ato praticado pelo consumidor no exercícios de seus direitos;

IX – colocar, no mercado de consumo, qualquer produto ou serviço:

a) em desacordo com as normas expedidas pelos órgãos oficiais competentes ou, se normas específicas não existirem, pela Associação Brasileira de Normas Técnicas – ABNT ou outra entidade credenciada pelo Conselho Nacional de Metrologia, Normalização e Qualidade Industrial – Conmetro, observado o disposto no inciso VI do *caput* do art. 3º da Lei nº 13.874, de 20 de setembro de 2019;

(*) *Alínea "a" com redação dada pelo Decreto nº 10.887, de 7.12.2021.*

b) que acarrete riscos à saúde ou à segurança dos consumidores e sem informações ostensivas e adequadas, inclusive no caso de oferta ou de aquisição de produto ou serviço por meio de provedor de aplicação;

(*) *Alínea "b" com redação dada pelo Decreto nº 10.887, de 7.12.2021.*

c) em desacordo com as indicações constantes do recipiente, da embalagem, da rotulagem ou mensagem publicitária, respeitadas as variações decorrentes de sua natureza;

d) impróprio ou inadequado ao consumo a que se destina ou que lhe diminua o valor.

X – deixar de reexecutar os serviços, quando cabível, sem custo adicional;

XI – deixar de estipular prazo para o cumprimento de sua obrigação ou deixar a fixação ou variação de seu termo inicial a seu exclusivo critério.

Art. 13. Serão consideradas, ainda, práticas infrativas, na forma dos dispositivos da Lei nº 8.078, de 1990:

(*) *Vide art. 51 da Lei nº 8.078, de 11.9.1990 (Código de Defesa do Consumidor).*

I – ofertar produtos ou serviços sem as informações corretas, claras, precisas e ostensivas, em língua portuguesa, sobre suas características, qualidade, quantidade, composição, preço, condições de pagamento, juros, encargos, garantia, prazos de validade e origem, entre outros dados relevantes;

II – deixar de comunicar à autoridade competente a periculosidade do produto ou serviço, quando do lançamento dos mesmos no mercado de consumo, ou quando da verificação posterior da existência do risco;

III – deixar de comunicar aos consumidores, por meio de anúncios publicitários, a periculosidade do produto ou serviço, quando do lançamento dos mesmos no mercado de consumo, ou quando da verificação posterior da existência do risco;

IV – deixar de reparar os danos causados aos consumidores por defeitos decorrentes de projetos, fabricação, construção, montagem, manipulação, apresentação ou acondicionamento de seus produtos ou serviços, ou por informações insuficientes ou inadequadas sobre a sua utilização e risco;

V – deixar de empregar componentes de reposição originais, adequados e novos, ou que mantenham as especificações técnicas do fabricante, salvo se existir autorização em contrário do consumidor;

VI – deixar de cumprir a oferta, publicitária ou não, suficientemente precisa, ressalvada a incorreção retificada em tempo hábil ou exclusivamente atribuível ao veículo de comunicação, sem prejuízo, inclusive nessas duas hipóteses, do cumprimento forçado do anunciado ou do ressarcimento de perdas e danos sofridos pelo consumidor, assegurado o direito de regresso do anunciante contra seu segurador ou responsável direto;

VII – omitir, nas ofertas ou vendas eletrônicas, por telefone ou reembolso postal, o nome e endereço do fabricante ou do importador na embalagem, na publicidade e nos impressos utilizados na transação comercial;

VIII – deixar de cumprir, no caso de fornecimento de produtos e serviços, o regime de preços tabelados, congelados, administrados, fixados ou controlados pelo Poder Público;

IX – submeter o consumidor inadimplente ao ridículo ou a qualquer tipo de constrangimento ou ameaça;

X – impedir ou dificultar o acesso gratuito do consumidor às informações existentes em cadastros, fichas, registros de dados pessoais e de consumo, arquivados sobre ele, bem como sobre as respectivas fontes;

XI – elaborar cadastros de consumo com dados irreais ou imprecisos;

XII – manter cadastros e dados de consumidores com informações negativas, divergentes da proteção legal;

XIII – deixar de comunicar, por escrito, ao consumidor a abertura de cadastro de ficha, registro de dados pessoais e de consumo, quando não solicitada por ele;

XIV – deixar de corrigir, imediata e gratuitamente, a inexatidão de dados e cadastros, quando solicitado pelo consumidor;

XV – deixar de comunicar ao consumidor, no prazo de cinco dias úteis, as correções cadastrais por ele solicitadas;

XVI – impedir, dificultar ou negar, sem justa causa, o cumprimento das declarações constantes de escritos particulares, recibos e pré-contratos concernentes às relações de consumo;

XVII – omitir em impressos, catálogos ou comunicações, impedir, dificultar ou negar a desistência contratual, no prazo de até sete dias a contar da assinatura do contrato ou do ato de recebimento do produto ou serviço, sempre que a contratação ocorrer fora do estabelecimento comercial, especialmente por telefone ou a domicílio;

XVIII – impedir, dificultar ou negar a devolução dos valores pagos, monetariamente atualizados, durante o prazo de reflexão, em caso de desistência do contrato pelo consumidor;

XIX – deixar de entregar o termo de garantia, devidamente preenchido com as informações previstas no parágrafo único do art. 50 da Lei nº 8.078, de 1990;

XX – deixar, em contratos que envolvam vendas a prazo ou com cartão de crédito, de informar por escrito ao consumidor, prévia e adequadamente, inclusive nas comunicações publicitárias, o preço do produto ou do serviço em moeda corrente nacional, o montante dos juros de mora e da taxa efetiva anual de juros, os acréscimos legal e contratualmente previstos, o número e a periodicidade das prestações e, com igual destaque, a soma total a pagar, com ou sem financiamento;

XXI – deixar de assegurar a oferta de componentes e peças de reposição, enquanto não cessar a fabricação ou importação do produto, e, caso cessadas, de manter a oferta de componentes e peças de reposição por período razoável de tempo, nunca inferior à vida útil do produto ou serviço;

XXII – propor ou aplicar índices ou formas de reajuste alternativos, bem como fazê-lo em desacordo com aquele que seja legal ou contratualmente permitido;

XXIII – recusar a venda de produto ou a prestação de serviços, publicamente ofertados, diretamente a quem se dispõe a adquiri-los mediante pronto pagamento, ressalvados os casos regulados em leis especiais;

XXIV – deixar de trocar o produto impróprio, inadequado, ou de valor diminuído, por outro da mesma espécie, em perfeitas condições de uso, ou de restituir imediatamente a quantia paga, devidamente corrigida, ou fazer abatimento proporcional do preço, a critério do consumidor.

Parágrafo único. Aplica-se o disposto nos incisos I, II, III e VII do *caput* à oferta e à aquisição de produto ou de serviço por meio de provedor de aplicação.

(*) *Parágrafo único acrescido pelo Decreto nº 10.887, de 7.12.2021.*

Art. 14. É enganosa qualquer modalidade de informação ou comunicação de caráter publicitário inteira ou parcialmente falsa, ou, por qualquer outro modo, mesmo por omissão, capaz de induzir a erro o consumidor a respeito da natureza, características, qualidade, quantidade, propriedade, origem, preço e de quaisquer outros dados sobre produtos ou serviços.

§ 1º. É enganosa, por omissão, a publicidade que deixar de informar sobre dado essencial do produto ou serviço a ser colocado à disposição dos consumidores.

§ 2º. É abusiva, entre outras, a publicidade discriminatória de qualquer natureza, que incite à violência, explore o medo ou a superstição, se aproveite da deficiência de julgamento e da inexperiência da criança, desrespeite valores ambientais, seja capaz de induzir o consumidor a se comportar de forma prejudicial ou perigosa à sua saúde ou segurança, ou que viole normas legais ou regulamentares de controle da publicidade.

§ 3º. O ônus da prova da veracidade (não enganosidade) e da correção (não abusividade) da informação ou comunicação publicitária cabe a quem as patrocina.

§ 4º. Para fins do disposto neste artigo, entende-se por publicidade a veiculação de mensagem, em meio analógico ou digital, inclusive por meio de provedor de aplicação, que vise a promover a oferta ou a aquisição de produto ou de serviço disponibilizado no mercado de consumo.

(*) *§ 4º acrescido pelo Decreto nº 10.887, de 7.12.2021.*

Art. 14-A. Para fins do disposto no art. 14, o órgão de proteção e defesa do consumidor deverá considerar as práticas de autorregulação adotadas pelo mercado de publicidade em geral.

(*) *Art. 14-A acrescido pelo Decreto nº 10.887, de 7.12.2021.*

Art. 15. O processo referente ao fornecedor de produtos ou de serviços que tenha sido acionado em mais de um Estado pelo mesmo fato gerador de prática infrativa poderá ser remetido ao órgão coordenador do SNDC pela autoridade máxima do sistema estadual.

(*) *Art. 15,* caput, *com redação dada pelo Decreto nº 10.887, de 7.12.2021.*

§ 1º. O órgão coordenador do SNDC apurará o fato e aplicará as sanções cabíveis, ouvido o Conselho Nacional de Defesa do Consumidor.

(*) *§ 1º acrescido pelo Decreto nº 10.887, de 7.12.2021.*

§ 2º. Na hipótese de a autoridade máxima do sistema estadual optar por não encaminhar o processo, o fato deverá ser comunicado ao órgão coordenador do SNDC.

(*) *§ 2º acrescido pelo Decreto nº 10.887, de 7.12.2021.*

Art. 16. Nos casos de processos administrativos em trâmite em mais de um Estado, que envolvam interesses difusos ou coletivos, a Secretaria Nacional do Consumidor do Ministério da Justiça e Segurança Pública poderá avocá-los, ouvido o Conselho Nacional de Defesa do Consumidor, e as autoridades máximas dos sistemas estaduais.

(*) *Art. 16 com redação dada pelo Decreto nº 10.417, de 7.7.2020.*

Art. 17. As práticas infrativas classificam-se em:

I – leves: aquelas em que forem verificadas somente circunstâncias atenuantes;

II – graves: aquelas em que forem verificadas circunstâncias agravantes.

Seção III – Das Penalidades Administrativas

Art. 18. A inobservância das normas contidas na Lei nº 8.078, de 1990, e das demais normas de defesa do consumidor constituirá prática infrativa e sujeitará o fornecedor às seguintes penalidades, que poderão ser aplicadas isolada ou cumulativamente, inclusive de forma cautelar, antecedente ou incidente no processo administrativo, sem prejuízo das de natureza cível, penal e das definidas em normas específicas:

I – multa;

II – apreensão do produto;

III – inutilização do produto;

IV – cassação do registro do produto junto ao órgão competente;

V – proibição de fabricação do produto;

VI – suspensão de fornecimento de produtos ou serviços;

VII – suspensão temporária de atividade;

VIII – revogação de concessão ou permissão de uso;

IX – cassação de licença do estabelecimento ou de atividade;

X – interdição, total ou parcial, de estabelecimento, de obra ou de atividade;

XI – intervenção administrativa;

XII – imposição de contrapropaganda.

§ 1º. Responderá pela prática infrativa, sujeitando-se às sanções administrativas previstas neste Decreto, quem por ação ou omissão lhe der causa, concorrer para sua prática ou dela se beneficiar.

§ 2º. As penalidades previstas neste artigo serão aplicadas pelos órgãos oficiais integrantes do SNDC, sem prejuízo das atribuições do órgão normativo ou regulador da atividade, na forma da legislação vigente.

§ 3º. As penalidades previstas nos incisos III a XI deste artigo sujeitam-se à posterior confirmação pelo órgão normativo ou regulador da atividade, nos limites de sua competência.

Art. 19. Toda pessoa física ou jurídica que fizer ou promover publicidade enganosa ou abusiva ficará sujeita à pena de multa, cumulada com aquelas previstas no artigo anterior, sem prejuízo da competência de outros órgãos administrativos.

Parágrafo único. Incide também nas penas deste artigo o fornecedor que:

a) deixar de organizar ou negar aos legítimos interessados os dados fáticos, técnicos e científicos que dão sustentação à mensagem publicitária;

b) veicular publicidade de forma que o consumidor não possa, fácil e imediatamente, identificá-la como tal.

Art. 20. Sujeitam-se à pena de multa os órgãos públicos que, por si ou suas empresas concessionárias, permissionárias ou sob qualquer outra forma de empreendimento, deixarem de fornecer serviços adequados, eficientes, seguros e, quanto aos essenciais, contínuos.

Art. 21. A aplicação da sanção prevista no inciso II do art. 18 terá lugar quando os produtos forem comercializados em desacordo com as especificações técnicas estabelecidas em legislação própria, na Lei nº 8.078, de 1990, e neste Decreto.

§ 1º. Os bens apreendidos, a critério da autoridade, poderão ficar sob a guarda do proprietário, responsável, preposto ou empregado que responda pelo gerenciamento do negócio, nomeado fiel depositário, mediante termo próprio, proibida a venda, utilização, substituição, subtração ou remoção, total ou parcial, dos referidos bens.

§ 2º. A retirada de produto por parte da autoridade fiscalizadora não poderá incidir sobre quantidade superior àquela necessária à realização da análise pericial.

Art. 22. Será aplicada multa ao fornecedor de produtos ou serviços que, direta ou indiretamente, inserir, fizer circular ou utilizar-se de cláusula abusiva, qualquer que seja a modalidade do contrato de consumo, inclusive nas operações securitárias, bancárias, de crédito direto ao consumidor, depósito, poupança, mútuo ou financiamento, e especialmente quando:

I – impossibilitar, exonerar ou atenuar a responsabilidade do fornecedor por vícios de qualquer natureza dos produtos e serviços ou implicar renúncia ou disposição de direito do consumidor;

II – deixar de reembolsar ao consumidor a quantia já paga, nos casos previstos na Lei nº 8.078, de 1990;

III – transferir responsabilidades a terceiros;

IV – estabelecer obrigações consideradas iníquas ou abusivas, que coloquem o consumidor em desvantagem exagerada, incompatíveis com a boa-fé ou a equidade;

V – estabelecer inversão do ônus da prova em prejuízo do consumidor;

VI – determinar a utilização compulsória de arbitragem;

VII – impuser representante para concluir ou realizar outro negócio jurídico pelo consumidor;

VIII – deixar ao fornecedor a opção de concluir ou não o contrato, embora obrigando o consumidor;

IX – permitir ao fornecedor, direta ou indiretamente, variação unilateral do preço, juros, encargos, forma de pagamento ou atualização monetária;

X – autorizar o fornecedor a cancelar o contrato unilateralmente, sem que igual direito seja conferido ao consumidor, ou permitir, nos contratos de longa duração ou de trato sucessivo, o cancelamento sem justa causa e motivação, mesmo que dada ao consumidor a mesma opção.

XI – obrigar o consumidor a ressarcir os custos de cobrança de sua obrigação, sem que igual direito lhe seja conferido contra o fornecedor;

XII – autorizar o fornecedor a modificar unilateralmente o conteúdo ou qualidade do contrato após sua celebração;

XIII – infringir normas ambientais ou possibilitar sua violação;

XIV – possibilitar a renúncia ao direito de indenização por benfeitorias necessárias;

XV – restringir direitos ou obrigações fundamentais à natureza do contrato, de tal modo a ameaçar o seu objeto ou o equilíbrio contratual;

XVI – onerar excessivamente o consumidor, considerando-se a natureza e o conteúdo do contrato, o interesse das partes e outras circunstâncias peculiares à espécie;

XVII – determinar, nos contratos de compra e venda mediante pagamento em prestações, ou nas alienações fiduciárias em garantia, a perda total das prestações pagas, em benefício do credor que, em razão do inadimplemento, pleitear a resilição do contrato e a retomada do produto alienado, ressalvada cobrança judicial de perdas e danos comprovadamente sofridos;

XVIII – anunciar, oferecer ou estipular pagamento em moeda estrangeira, salvo nos casos previstos em lei;

XIX – cobrar multas de mora superiores a dois por cento, decorrentes do inadimplemento de obrigação no seu termo, conforme o disposto no § 1º do art. 52 da Lei nº 8.078, de 1990, com a redação dada pela Lei nº 9.298, de 1º de agosto de 1996;

XX – impedir, dificultar ou negar ao consumidor a liquidação antecipada do débito, total ou parcialmente, mediante redução proporcional dos juros, encargos e demais acréscimos, inclusive seguro;

XXI – fizer constar do contrato alguma das cláusulas abusivas a que se refere o art. 56 deste Decreto;

XXII – elaborar contrato, inclusive o de adesão, sem utilizar termos claros, caracteres ostensivos e legíveis, que permitam sua imediata e fácil compreensão, destacando-se as cláusulas que impliquem obrigação ou limitação dos direitos contratuais do consumidor, inclusive com a utilização de tipos de letra e cores diferenciados, entre outros recursos gráficos e visuais.

XXIII – que impeça a troca de produto impróprio, inadequado, ou de valor diminuído, por outro da mesma espécie, em perfeitas condições de uso, ou a restituição imediata da quantia paga, devidamente corrigida, ou fazer abatimento proporcional do preço, a critério do consumidor.

Parágrafo único. Dependendo da gravidade da infração prevista nos incisos dos arts. 12, 13 e deste artigo, a pena de multa poderá ser cumulada com as demais previstas no art. 18, sem prejuízo da competência de outros órgãos administrativos.

(*) *Vide art. 51 da Lei nº 8.078, de 11.9.1990 (Código de Defesa do Consumidor).*

Art. 23. Os serviços prestados e os produtos remetidos ou entregues ao consumidor, na hipótese prevista no inciso IV do art. 12 deste Decreto, equiparam-se às amostras grátis, inexistindo obrigação de pagamento.

Art. 24. Para a imposição da pena e sua gradação, serão considerados:

I – as circunstâncias atenuantes e agravantes;

II – os antecedentes do infrator, nos termos do art. 28 deste Decreto.

Art. 25. Consideram-se circunstâncias atenuantes;

I – a ação do infrator não ter sido fundamental para a consecução do fato;

II – ser o infrator primário;

III – ter o infrator adotado as providências pertinentes para minimizar ou de imediato reparar os efeitos do ato lesivo;

(*) *Inciso III com redação dada pelo Decreto nº 10.887, de 7.12.2021.*

IV – a confissão do infrator;

(*) *Inciso IV acrescido pelo Decreto nº 10.887, de 7.12.2021.*

V – a participação regular do infrator em projetos e ações de capacitação e treinamento oferecidos pelos órgãos integrantes do SNDC; e

(*) *Inciso V acrescido pelo Decreto nº 10.887, de 7.12.2021.*

VI – ter o fornecedor aderido à plataforma Consumidor.gov.br, de que trata o Decreto nº 8.573, de 19 de novembro de 2015.

(*) *Inciso VI acrescido pelo Decreto nº 10.887, de 7.12.2021.*

Art. 26. Consideram-se circunstâncias agravantes:

I – ser o infrator reincidente;

II – ter o infrator, comprovadamente, cometido a prática infrativa para obter vantagens indevidas;

III – trazer à prática infrativa consequências danosas à saúde ou à segurança do consumidor;

IV – deixar o infrator, tendo conhecimento do ato lesivo, de tomar as providências para evitar ou mitigar suas consequências;

V – ter o infrator agido com dolo;

VI – ocasionar a prática infrativa, dano coletivo ou ter caráter repetitivo;

VII – ter a prática infrativa ocorrido em detrimento de menor de dezoito ou maior de sessenta anos ou de pessoas portadoras de deficiência física, mental ou sensorial, interditadas ou não;

VIII – dissimular-se à natureza ilícita do ato ou atividade;

IX – ser a conduta infrativa praticada aproveitando-se o infrator de grave crise econômica ou da condição cultural, social ou econômica da vítima, ou, ainda, por ocasião de calamidade.

Parágrafo único. Para fins de reconhecimento da circunstância agravante de que trata o inciso VI do *caput*, a Secretaria Nacional do Consumidor do Ministério da Justiça e Segurança Pública manterá e regulamentará banco de dados, garantido o acesso dos demais órgãos e entidades federais, estaduais, distritais e municipais de defesa do consumidor, com vistas a subsidiar a atuação no âmbito dos processos administrativos sancionadores.

(*) *Parágrafo único acrescido pelo Decreto nº 10.887, de 7.12.2021.*

Art. 26-A. As circunstâncias agravantes e atenuantes, de que tratam os art. 25 e art. 26, têm natureza taxativa e não comportam ampliação por meio de ato dos órgãos de proteção e defesa do consumidor.

(*) *Art. 26-A acrescido pelo Decreto nº 10.887, de 7.12.2021.*

Art. 27. Considera-se reincidência a repetição de prática infrativa, de qualquer natureza, às normas de defesa do consumidor, punida por decisão administrativa irrecorrível.

Parágrafo único. Para efeito de reincidência, não prevalece a sanção anterior, se entre a data da decisão administrativa definitiva e aquela da prática posterior houver decorrido período de tempo superior a cinco anos.

Art. 28. Observado o disposto no art. 24 pela autoridade competente e respeitados os parâmetros estabelecidos no parágrafo único do art. 57 da Lei nº 8.078, de 1990, a pena de multa fixada considerará:

I – a gravidade da prática infrativa;

II – a extensão do dano causado aos consumidores;

III – a vantagem auferida com o ato infrativo;

IV – a condição econômica do infrator; e

V – a proporcionalidade entre a gravidade da falta e a intensidade da sanção.

(*) *Art. 28 com redação dada pelo Decreto nº 10.887, de 7.12.2021.*

Art. 28-A. Na fixação da pena de multa, os elementos que forem utilizados para a fixação da pena-base não poderão ser valorados novamente como circunstâncias agravantes ou atenuantes.

(*) *Art. 28-A acrescido pelo Decreto nº 10.887, de 7.12.2021.*

Art. 28-B. Ato do Secretário Nacional do Consumidor do Ministério da Justiça e Segurança Pública poderá estabelecer critérios gerais para:

I – a valoração das circunstâncias agravantes e atenuantes, de que tratam os art. 25 e art. 26; e

II – a fixação da pena-base para a aplicação da pena de multa.

(*) *Art. 28-B acrescido pelo Decreto nº 10.887, de 7.12.2021.*

Capítulo IV
Da Destinação da Multa e da Administração dos Recursos

Art. 29. A multa de que trata o inciso I do art. 56 e *caput* do art. 57 da Lei nº 8.078, de 1990, reverterá para Fundo pertinente à pessoa jurídica de direito público que impuser a sanção, gerido pelo respectivo Conselho Gestor.

Parágrafo único. As multas arrecadadas pela União e órgãos federais reverterão para o Fundo de Direitos Difusos de que tratam da Lei nº 7.347, de 1985, e Lei nº 9.008, de 21 de março de 1995, gerido pelo Conselho Federal Gestor do Fundo de Defesa dos Direitos Difusos – CFDD.

Art. 30. As multas arrecadadas serão destinadas para a reconstituição dos bens lesados, nos termos do disposto no *caput* do art. 13 da Lei nº 7.347, de 1985, após aprovação pelo respectivo Conselho Gestor, em cada unidade federativa.

(*) *Art. 30 com redação dada pelo Decreto nº 10.887, de 7.12.2021.*

Art. 31. Na ausência de Fundos municipais, os recursos serão depositados no Fundo do respectivo Estado e, faltando este, no Fundo federal.

Parágrafo único. O Conselho Federal Gestor do Fundo de Defesa dos Direitos Difusos poderá apreciar e autorizar recursos para projetos especiais de órgãos e entidades federais, estaduais e municipais de defesa do consumidor.

Art. 32. Na hipótese de multa aplicada pelo órgão coordenador do SNDC nos casos previstos pelo art. 15 deste Decreto, o Conselho Federal Gestor do FDD restituirá aos fundos dos Estados envolvidos o percentual de até oitenta por cento do valor arrecadado.

Capítulo V
Do Processo Administrativo

Seção I – Das Disposições Gerais

Art. 33. As práticas infrativas às normas de proteção e defesa do consumidor serão apuradas em processo administrativo sancionador, que terá início mediante:

(*) *Art. 33,* caput, *com redação dada pelo Decreto nº 10.887, de 7.12.2021.*

I – ato, por escrito, da autoridade competente; e

(*) *Inciso I com redação dada pelo Decreto nº 10.887, de 7.12.2021.*

II – lavratura de auto de infração.

(*) *Inciso II com redação dada pelo Decreto nº 10.887, de 7.12.2021.*

III – (revogado).

(*) *Inciso III revogado pelo Decreto nº 10.887, de 7.12.2021.*

§ 1º. Antecedendo à instauração do processo administrativo, poderá a autoridade competente abrir investigação preliminar, cabendo, para tanto, requisitar dos fornecedores informações sobre as questões investigadas, resguardado o segredo industrial, na forma do disposto no § 4º do art. 55 da Lei nº 8.078, de 1990.

§ 2º. A recusa à prestação das informações ou o desrespeito às determinações e convocações dos órgãos do SNDC caracterizam desobediência, na forma do art. 330 do Código Penal♦, ficando a autoridade administrativa com poderes para determinar a imediata cessação da prática, além da imposição das sanções administrativas e civis cabíveis.

♦ Decreto-Lei nº 2.848, de 7.12.1940 – Código Penal: ***Art. 330.*** *Desobedecer a ordem legal de funcionário público: Pena – detenção, de 15 (quinze) dias a 6 (seis) meses, e multa.*

§ 3º. A autoridade administrativa poderá determinar, no curso das averiguações preliminares e dos processos administrativos sancionadores, a adoção de medidas cautelares, nos termos do disposto no art. 18, com ou sem oitiva prévia da pessoa que estará sujeita a seus efeitos.

(*) *§ 3º acrescido pelo Decreto nº 10.887, de 7.12.2021.*

§ 4º. Na hipótese de ser indicada a baixa lesão ao bem jurídico tutelado, inclusive em relação aos custos de persecução, a autoridade administrativa, mediante ato motivado, poderá deixar de instaurar processo administrativo sancionador.

(*) *§ 4º acrescido pelo Decreto nº 10.887, de 7.12.2021.*

§ 5º. Para fins do disposto no § 4º, a autoridade administrativa deverá utilizar outros instrumentos e medidas de supervisão, observados os princípios da finalidade, da motivação, da razoabilidade e da eficiência.

(*) *§ 5º acrescido pelo Decreto nº 10.887, de 7.12.2021.*

Seção I-A – Das Averiguações Preliminares

(*) *Seção I-A acrescida pelo Decreto nº 10.887, de 7.12.2021.*

Art. 33-A. A averiguação preliminar é o procedimento investigatório de natureza inquisitorial, instaurado pela autoridade competente de proteção e defesa do consumidor, quando os indícios ainda não forem suficientes para a instauração imediata de processo administrativo sancionador.

§ 1º. Na averiguação preliminar, a autoridade competente poderá exercer quaisquer competências instrutórias legalmente previstas, inclusive requerer esclarecimentos do representado ou de terceiros, por escrito ou pessoalmente.

§ 2º. Da averiguação preliminar poderá resultar:

I – a instauração de processo administrativo sancionador; ou

II – o arquivamento do caso.

§ 3º. A averiguação preliminar poderá ser desmembrada, quando conveniente para a instrução do caso.

(*) *Art. 33-A acrescido pelo Decreto nº 10.887, de 7.12.2021.*

Art. 33-B. No prazo de até vinte dias após a publicação oficial da decisão que resultar no arquivamento da averiguação preliminar, o superior hierárquico do órgão prolator da decisão poderá avocar o processo, de ofício ou mediante provocação.

Parágrafo único. A autoridade responsável por avocar a averiguação preliminar poderá:

I – ratificar a decisão de arquivamento; ou

II – determinar o retorno dos autos à autoridade competente para a continuidade da averiguação preliminar ou para a instauração de processo administrativo sancionatório, conforme o caso.

(*) *Art. 33-B acrescido pelo Decreto nº 10.887, de 7.12.2021.*

Seção II – Da Reclamação

Art. 34. O consumidor poderá apresentar a sua reclamação pessoalmente ou por meio de telegrama, carta, telex, fac-símile ou qualquer outro meio de comunicação, físico ou eletrônico, a qualquer órgão oficial de proteção e defesa do consumidor.

(*) *Art. 34,* caput, *com redação dada pelo Decreto nº 10.887, de 7.12.2021.*

Parágrafo único. As reclamações apresentadas na forma prevista no *caput* orientarão a implementação das políticas públicas de proteção e defesa do consumidor.

(*) *Parágrafo único acrescido pelo Decreto nº 10.887, de 7.12.2021.*

Seção III – Dos Autos de Infração, de Apreensão e do Termo de Depósito

Art. 35. Os Autos de Infração, de Apreensão e o Termo de Depósito deverão ser impressos, numerados em série e preenchidos de forma clara e precisa, sem entrelinhas, rasuras ou emendas, mencionando:

I – o Auto de Infração:

a) o local, a data e a hora da lavratura;

b) o nome, o endereço e a qualificação do autuado;

c) a descrição do fato ou do ato constitutivo da infração;

d) o dispositivo legal infringido;

e) a determinação da exigência e a intimação para cumpri-la ou impugná-la no prazo estabelecido no *caput* do art. 42;

(*) *Alínea "e" com redação dada pelo Decreto nº 10.887, de 7.12.2021.*

f) a identificação do agente autuante, sua assinatura, a indicação do seu cargo ou função e o número de sua matrícula;

g) a designação do órgão julgador e o respectivo endereço;

h) a assinatura do autuado.

i) a cientificação do autuado para apresentar defesa no prazo estabelecido no *caput* do art. 42 e especificar as provas que pretende produzir, de modo a declinar, se for o caso, a qualificação completa de até três testemunhas, mediante fornecimento do motivo para o seu arrolamento e sempre que possível:

1. do nome;
2. da profissão;

3. do estado civil;
4. da idade;
5. do número de inscrição no Cadastro de Pessoas Físicas;
6. do número de registro da identidade; e
7. do endereço completo da residência e do local de trabalho;

(*) *Alínea "i" com redação dada pelo Decreto nº 10.887, de 7.12.2021.*

II – o Auto de Apreensão e o Termo de Depósito:

a) o local, a data e a hora da lavratura;

b) o nome, o endereço e a qualificação do depositário;

c) a descrição e a quantidade dos produtos apreendidos;

d) as razões e os fundamentos da apreensão;

e) o local onde o produto ficará armazenado;

f) a quantidade de amostra colhida para análise;

g) a identificação do agente autuante, sua assinatura, a indicação do seu cargo ou função e o número de sua matrícula;

h) a assinatura do depositário;

i) as proibições contidas no § 1º do art. 21 deste Decreto.

Art. 36. Os Autos de Infração, Apreensão e o Termo do Depósito serão lavrados pelo agente autuante que houver verificado a prática infrativa, preferencialmente no local onde foi comprovada a irregularidade.

Art. 37. Os Autos de Infração, de Apreensão e o Termo de Depósito serão lavrados em impresso próprio, composto de três vias, numeradas tipograficamente.

§ 1º. Quando necessário, para comprovação de infração, os Autos serão acompanhados de laudo pericial.

§ 2º. Quando a verificação do defeito ou vício relativo à qualidade, oferta e apresentação de produtos não depender de perícia, o agente competente consignará o fato no respectivo Auto.

§ 3º. Os autos de infração, de apreensão e o termo de depósito poderão ser formalizados, comunicados e transmitidos em meio eletrônico, observado o disposto na legislação aplicável.

(*) *§ 3º acrescido pelo Decreto nº 10.887, de 7.12.2021.*

Art. 38. A assinatura nos Autos de Infração, de Apreensão e no Termo de Depósito, por parte do autuado, ao receber cópias dos mesmos, constitui notificação, sem implicar confissão, para os fins do art. 44 do presente Decreto.

Parágrafo único. Em caso de recusa do autuado em assinar os Autos de Infração, de Apreensão e o Termo de Depósito, o Agente competente consignará o fato nos Autos e no Termo, remetendo-os ao autuado por via postal, com Aviso de Recebimento (AR) ou outro procedimento equivalente, tendo os mesmos efeitos do *caput* deste artigo.

Art. 38-A. A fiscalização, no âmbito das relações de consumo, deverá ser prioritariamente orientadora, quando a atividade econômica for classificada como de risco leve, irrelevante ou inexistente, nos termos do disposto na Lei nº 13.874, de 2019.

§ 1º. Para fins do disposto no *caput*, o critério de dupla visita para lavratura de auto de infração será observado, exceto na hipótese de ocorrência de reincidência, fraude, resistência ou embaraço à fiscalização.

§ 2º. A inobservância do critério de dupla visita, nos termos do disposto no § 1º, implica nulidade do auto de infração, independentemente da natureza da obrigação.

§ 3º. Os órgãos e as entidades da administração pública federal, estadual, distrital e municipal deverão observar o princípio do tratamento diferenciado, simplificado e favorecido previsto na Lei Complementar nº 123, de 14 de dezembro de 2006, na fixação de valores decorrentes de multas e demais sanções administrativas.

(*) *Art. 38-A acrescido pelo Decreto nº 10.887, de 7.12.2021.*

Seção IV
Da Instauração do Processo Administrativo por Ato de Autoridade Competente

Art. 39. O processo administrativo sancionador de que trata o art. 33 poderá ser instaurado de ofício pela autoridade competente ou a pedido do interessado.

(*) *Art. 39,* caput, *com redação dada pelo Decreto nº 10.887, de 7.12.2021.*

Parágrafo único. Na hipótese de a investigação preliminar não resultar em processo administrativo com base em reclamação apresentada por consumidor, deverá este ser informado sobre as razões do arquivamento pela autoridade competente.

Art. 40. O ato que instaurar o processo administrativo sancionador, na forma do inciso I do *caput* do art. 33, deverá conter:

(*) *Art. 40,* caput, *com redação dada pelo Decreto nº 10.887, de 7.12.2021.*

I – a identificação do infrator;

II – a descrição do fato ou do ato constitutivo da infração;

III – os dispositivos legais infringidos;

IV – a assinatura da autoridade competente; e

(*) *Inciso IV com redação dada pelo Decreto nº 10.887, de 7.12.2021.*

V – a determinação de notificação do representado para apresentar defesa no prazo estabelecido no *caput* do art. 42 e especificar as provas que pretende produzir, de modo a declinar, se for o caso, a qualificação completa de até três testemunhas, mediante fornecimento do motivo para o seu arrolamento e sempre que possível:

a) do nome;

b) da profissão;

c) do estado civil;

d) da idade;

e) do número de inscrição no Cadastro de Pessoas Físicas;

f) do número de registro da identidade; e

g) do endereço completo da residência e do local de trabalho.

(*) *Inciso V acrescido pelo Decreto nº 10.887, de 7.12.2021.*

§ 1º. O resumo dos fatos a serem apurados e a motivação da decisão poderão consistir em declaração de concordância com fundamentos anteriores, pareceres, informações, decisões ou proposta que, nesse caso, serão parte integrante do ato de instauração.

(*) *§ 1º acrescido pelo Decreto nº 10.887, de 7.12.2021.*

§ 2º. Até que ocorra a decisão de primeira instância, o ato de instauração a que se refere o *caput* poderá ser aditado para inclusão de novos representados ou de novos fatos que não tenham sido objeto de alegação pelas partes nos autos, hipótese em que será reiniciada a contagem do prazo para a defesa nos limites do aditamento.

(*) *§ 2º acrescido pelo Decreto nº 10.887, de 7.12.2021.*

Art. 40-A. A critério da autoridade processante e por meio de despacho fundamentado, o processo administrativo poderá ser desmembrado quando:

I – as infrações tiverem sido praticadas em circunstâncias de tempo ou de lugar diferentes;

II – houver número de representados excessivo, para não comprometer a duração razoável do processo ou dificultar a defesa;

III – houver dificuldade de notificar um ou mais dos representados; ou

IV – houver outro motivo considerado relevante pela autoridade processante.

(*) *Art. 40-A acrescido pelo Decreto nº 10.887, de 7.12.2021.*

Art. 40-B. Na hipótese de haver conexão temática entre os processos administrativos e as infrações terem sido praticadas em circunstâncias de tempo ou de lugar similares, a autoridade processante poderá proceder à juntada de processos administrativos diferentes com vistas à racionalização dos recursos.

(*) *Art. 40-B acrescido pelo Decreto nº 10.887, de 7.12.2021.*

Art. 41. A autoridade administrativa poderá determinar, na forma de ato próprio, constatação preliminar da ocorrência de prática presumida.

Seção V – Das Notificações e das Intimações

(*) *Título desta Seção V com redação dada pelo Decreto nº 10.887, de 7.12.2021.*

Art. 42. A autoridade competente expedirá notificação ao infrator e fixará prazo de vinte dias, contado da data de seu recebimento pelo infrator, para apresentação de defesa, nos termos do disposto no art. 44.

(*) *Art. 42,* caput, *com redação dada pelo Decreto nº 10.887, de 7.12.2021.*

§ 1º. A notificação será acompanhada de cópia de ato de instauração do processo administrativo sancionador e, se for o caso, da nota técnica ou de outro ato que o fundamente por meio de remissão e será feita:

I – por carta registrada ao representado, seu mandatário ou preposto, com aviso de recebimento;

II – por outro meio, físico ou eletrônico, que assegure a certeza da ciência do representado; ou

III – por mecanismos de cooperação internacional.

(*) *§ 1º com redação dada pelo Decreto nº 10.887, de 7.12.2021.*

§ 2º. Na hipótese de notificação de representados que residam em países que aceitem a notificação postal direta, a notificação internacional poderá ser realizada por meio de serviço postal com aviso de recebimento em nome próprio.

(*) *§ 2º com redação dada pelo Decreto nº 10.887, de 7.12.2021.*

§ 3º. O comparecimento espontâneo do representado supre a falta ou a nulidade da notificação e nessa data se iniciará a contagem do prazo para apresentação de defesa no processo administrativo sancionador.

(*) *§ 3º acrescido pelo Decreto nº 10.887, de 7.12.2021.*

Art. 42-A. A intimação dos demais atos processuais será feita por meio de:

I – carta registrada ao representado, ou ao seu mandatário ou preposto, com aviso de recebimento;

II – publicação oficial, da qual constarão os nomes do representado e de seu procurador, se houver; ou

III – por outro meio, físico ou eletrônico, que assegure a certeza da ciência do representado.

§ 1º. O representado arguirá a nulidade da intimação em capítulo preliminar do próprio ato que lhe caiba praticar, o qual será tido por tempestivo caso o vício seja reconhecido.

§ 2º. Na hipótese de não ser possível a prática imediata do ato diante da necessidade de acesso prévio aos autos, ao representado será limitado arguir a nulidade da intimação, caso em que o prazo será contado da data da intimação da decisão que a reconheça.

§ 3º. As intimações dirigidas ao endereço constante dos autos serão presumidas válidas, ainda que não sejam recebidas pessoalmente pelo interessado, caso a modificação temporária ou definitiva do endereço não tenha sido comunicada ao órgão processante.

§ 4º. As disposições deste artigo aplicam-se aos fornecedores que ofereçam produtos ou serviços, por meio de aplicação de internet, desde que o uso ou a fruição do bem adquirido se dê no território nacional.

(*) *Art. 42-A acrescido pelo Decreto nº 10.887, de 7.12.2021.*

Seção V-A – Do Amicus Curiae

(*) *Seção V-A acrescida pelo Decreto nº 10.887, de 7.12.2021.*

Art. 42-B. Considerada a relevância da matéria, a especificidade do tema ou a repercussão social da demanda, a autoridade competente poderá, de ofício, a requerimento das partes ou de quem pretenda se manifestar, solicitar ou admitir a participação de pessoa natural ou jurídica, órgão ou entidade especializada, com representatividade adequada, na condição de *amicus curiae*, no prazo de quinze dias, contado da data de intimação.

Parágrafo único. A intervenção de que trata o *caput* não:

I – implicará alteração de competência; ou

II – autorizará a interposição de recursos.

(*) *Art. 42-B acrescido pelo Decreto nº 10.887, de 7.12.2021.*

Seção VI – Da Impugnação, da Instrução e do Julgamento do Processo Administrativo Sancionador

(*) *Título desta Seção VI com redação dada pelo Decreto nº 10.887, de 7.12.2021.*

Art. 43. (Revogado).

(*) *Art. 43 revogado pelo Decreto nº 10.887, de 7.12.2021.*

Art. 44. O representado poderá impugnar o ato que instaurar o processo administrativo sancionador, no prazo estabelecido no *caput* do art. 42, contado da data de sua notificação, de modo a indicar em sua defesa:

(*) *Art. 44,* caput, *com redação dada pelo Decreto nº 10.887, de 7.12.2021.*

I – a autoridade decisória a quem é dirigida;

(*) *Inciso I com redação dada pelo Decreto nº 10.887, de 7.12.2021.*

II – a qualificação do impugnante;

III – as razões de fato e de direito que fundamentam a impugnação; e

(*) *Inciso III com redação dada pelo Decreto nº 10.887, de 7.12.2021.*

IV – de maneira fundamentada, as provas que pretende produzir, de modo a declinar a qualificação completa de até três testemunhas.

(*) *Inciso IV com redação dada pelo Decreto nº 10.887, de 7.12.2021.*

Art. 45. Decorrido o prazo da impugnação, o órgão decisor determinará as diligências cabíveis e:

I – deverá dispensar as diligências meramente protelatórias ou irrelevantes; e

II – poderá requisitar informações, esclarecimentos ou documentos ao representado, a pessoas físicas ou jurídicas e a órgãos ou entidades públicos, a serem apresentados no prazo estabelecido.

(*) *Art. 45,* caput, *com redação dada pelo Decreto nº 10.887, de 7.12.2021.*

§ 1º. As provas propostas pelo representado que forem ilícitas, impertinentes, desnecessárias ou protelatórias serão indeferidas por meio de despacho fundamentado.

(*) *§ 1º acrescido pelo Decreto nº 10.887, de 7.12.2021.*

§ 2º. Os depoimentos e as oitivas serão tomados por qualquer servidor em exercício no órgão processante e serão realizados nas dependências do referido órgão, exceto se houver impossibilidade comprovada de deslocamento da testemunha, sob as expensas da parte que a arrolou.

(*) *§ 2º acrescido pelo Decreto nº 10.887, de 7.12.2021.*

§ 3º. Os depoimentos e as oitivas de que tratam o § 2º serão realizados preferencialmente por meio de videoconferência ou de recurso tecnológico de transmissão de sons e imagens em tempo real, desde que estejam presentes as condições técnicas para realização da diligência e segundo critério de conveniência e oportunidade da autoridade competente.

(*) *§ 3º acrescido pelo Decreto nº 10.887, de 7.12.2021.*

§ 4º. Na hipótese de realização de prova testemunhal, cabe ao representado informar ou intimar a testemunha por ele arrolada o dia, a hora e o local da audiência designada, dispensada a intimação por parte do órgão responsável pela instrução do processo.

(*) *§ 4º acrescido pelo Decreto nº 10.887, de 7.12.2021.*

§ 5º. Na hipótese de que trata o § 4º, o não comparecimento injustificado da testemunha presumirá que a parte desistiu de sua inquirição.

(*) *§ 5º acrescido pelo Decreto nº 10.887, de 7.12.2021.*

§ 6º. A juntada de prova documental poderá ser realizada até o saneamento do processo, excetuadas as seguintes hipóteses:

I – necessidade de demonstração de fato ocorrido após o encerramento da instrução processual;

II – necessidade de contraposição a fato levantado após o encerramento da instrução processual;

III – o documento ter se tornado conhecido, acessível ou disponível após o encerramento da instrução processual, hipótese em que caberá à parte que os produzir comprovar o motivo que a impediu de juntá-los anteriormente; ou

IV – o documento ter sido formado após a instauração do processo sancionatório.

(*) *§ 6º acrescido pelo Decreto nº 10.887, de 7.12.2021.*

§ 7º. O órgão processante poderá admitir a utilização de prova produzida em outro processo, administrativo ou judicial, e lhe atribuirá o valor probatório adequado, observados os princípios do contraditório e da ampla defesa.

(*) *§ 7º acrescido pelo Decreto nº 10.887, de 7.12.2021.*

Art. 46. A decisão administrativa conterá:

I – a identificação do representado e, quando for o caso, do representante;

II – o resumo dos fatos imputados ao representado, com a indicação dos dispositivos legais infringidos;

III – o sumário das razões de defesa;

IV – o registro das principais ocorrências no andamento do processo;

V – a apreciação das provas; e

VI – o dispositivo, com a conclusão a respeito da configuração da prática infrativa, com a especificação dos fatos que constituam a infração apurada na hipótese de condenação.

(*) *Art. 46,* caput, *com redação dada pelo Decreto nº 10.887, de 7.12.2021.*

§ 1º. Na hipótese de caracterização de infração contra as normas de proteção e defesa do consumidor, a decisão também deverá conter:

I – a indicação das providências a serem tomadas pelos responsáveis para fazê-la cessar, quando for o caso;

II – o prazo no qual deverão ser iniciadas e concluídas as providências referidas no inciso I;

III – a multa estipulada, sua individualização e sua dosimetria;

IV – a multa diária, em caso de continuidade da infração;

V – as demais sanções descritas na Lei nº 8.078, de 1990, se for o caso;

VI – a multa em caso de descumprimento das providências estipuladas, se for o caso; e

VII – o prazo para pagamento da multa e para cumprimento das demais obrigações determinadas.

(*) *§ 1º com redação dada pelo Decreto nº 10.887, de 7.12.2021.*

§ 2º. A decisão condenatória poderá consistir em declaração de concordância com pareceres, notas técnicas ou decisões, hipótese em que integrarão o ato decisório.

(*) *§ 2º com redação dada pelo Decreto nº 10.887, de 7.12.2021.*

§ 3º. (Revogado).

(*) *§ 3º revogado pelo Decreto nº 10.887, de 7.12.2021.*

Art. 47. Quando a cominação prevista for a contrapropaganda, o processo poderá ser instruído com indicações técnico-publicitárias, das quais se intimará o autuado, obedecidas, na execução da respectiva decisão, as condições constantes do § 1º do art. 60 da Lei nº 8.078, de 1990.

Seção VII – Das Nulidades

Art. 48. A inobservância de forma não acarretará a nulidade do ato, se não houver prejuízo para a defesa.

Parágrafo único. A nulidade prejudica somente os atos posteriores ao ato declarado nulo e dele diretamente dependentes ou de que sejam consequência, cabendo à autoridade que a declarar indicar tais atos e determinar o adequado procedimento saneador, se for o caso.

Seção VIII – Dos Recursos Administrativos

Art. 49. Das decisões da autoridade competente do órgão público que aplicou a sanção caberá recurso, sem efeito suspensivo, no prazo de dez dias, contados da data da intimação da decisão, a seu superior hierárquico, que proferirá decisão definitiva.

§ 1º. Na hipótese de aplicação de multas, o recurso será recebido, com efeito suspensivo, pela autoridade superior.

(*) *§ 1º, primitivo parágrafo único, renumerado e com redação dada pelo Decreto nº 10.887, de 7.12.2021.*

§ 2º. A decisão recorrida pode ser confirmada, total ou parcialmente, pelos seus próprios fundamentos.

(*) *§ 2º acrescido pelo Decreto nº 10.887, de 7.12.2021.*

§ 3º. Na hipótese prevista no § 2º, a autoridade competente poderá apenas fazer remissão à própria decisão anterior, no caso de confirmação integral, ou ao trecho confirmado, no caso de confirmação parcial, desde que tenham sido confrontados todos os argumentos deduzidos no recurso capazes, em tese, de infirmar a conclusão adotada na decisão recorrida.

(*) *§ 3º acrescido pelo Decreto nº 10.887, de 7.12.2021.*

Art. 50. Quando o processo tramitar no âmbito do Departamento de Proteção e Defesa do Consumidor, o julgamento do feito será de responsabilidade do Diretor daquele órgão, cabendo recurso ao titular da Secretaria Nacional do Consumidor, no prazo de dez dias, contado da data da intimação da decisão, como segunda e última instância recursal.

(*) *Art. 50 com redação dada pelo Decreto nº 7.738, de 28.5.2012.*

Art. 51. Não será conhecido o recurso interposto fora dos prazos e condições estabelecidos neste Decreto.

Art. 52. Sendo julgada insubsistente a infração, a autoridade julgadora recorrerá à autoridade imediatamente superior, nos termos fixados nesta seção, mediante declaração na própria decisão.

Art. 53. A decisão é definitiva quando não mais couber recurso, seja de ordem formal ou material.

Parágrafo único. Na hipótese de não caber mais recursos em relação à aplicação da pena de multa, o infrator será notificado para efetuar o recolhimento no prazo de dez dias, nos termos do disposto nos art. 29 a art. 32.

(*) *Parágrafo único acrescido pelo Decreto nº 10.887, de 7.12.2021.*

Art. 54. Todos os prazos referidos nesta seção são preclusivos.

Seção IX – Da Inscrição na Dívida Ativa

Art. 55. Não sendo recolhido o valor da multa em trinta dias, será o débito inscrito em dívida ativa do órgão que houver aplicado a sanção, para subsequente cobrança executiva.

Capítulo VI
Do Elenco de Cláusulas Abusivas e do Cadastro de Fornecedores

Seção I – Do Elenco de Cláusulas Abusivas

Art. 56. Na forma do art. 51 da Lei nº 8.078, de 1990, e com o objetivo de orientar o Sistema Nacional de Defesa do Consumidor, a Secretaria Nacional do Consumidor divulgará, anualmente, elenco complementar de cláusulas contratuais consideradas abusivas, notadamente para o fim de aplicação do disposto no inciso IV do *caput* do art. 22.

(*) *Art. 56,* caput, *com redação dada pelo Decreto nº 7.738, de 28.5.2012.*

§ 1º. Na elaboração do elenco referido no *caput* e posteriores inclusões, a consideração sobre a abusividade de cláusulas contratuais se dará de forma genérica e abstrata.

(*) *Vide art. 51 da Lei nº 8.078, de 11.9.1990 (Código de Defesa do Consumidor).*

§ 2º. O rol de cláusulas consideradas abusivas tem natureza exemplificativa, o que não impede que outras cláusulas possam ser assim consideradas pelos órgãos da administração pública incumbidos da defesa dos interesses e direitos protegidos pela Lei nº 8.078, de 1990, e pela legislação correlata, por meio de ato próprio, observado o disposto no art. 4º da Lei nº 13.874, de 2019.

(*) *§ 2º com redação dada pelo Decreto nº 10.887, de 7.12.2021.*

§ 3º. A apreciação sobre a abusividade de cláusulas contratuais, para fins de sua inclusão no rol a que se refere o *caput* se dará de ofício ou por provocação dos legitimados previstos no art. 82 da Lei nº 8.078, de 1990, ou por terceiros interessados, mediante procedimento de consulta pública, a ser regulamentado em ato do Secretário Nacional do Consumidor do Ministério da Justiça e Segurança Pública.

(*) *§ 3º com redação dada pelo Decreto nº 10.887, de 7.12.2021.*

§ 4º. Compete exclusivamente à Secretaria Nacional do Consumidor do Ministério da Justiça e Segurança Pública elencar as cláusulas abusivas, observadas as disposições deste Decreto, quando o fornecedor de produtos ou serviços utilizá-las uniformemente em âmbito nacional.

(*) *§ 4º acrescido pelo Decreto nº 10.887, de 7.12.2021.*

Seção II – Do Cadastro de Fornecedores

Art. 57. Os cadastros de reclamações fundamentadas contra fornecedores constituem instrumento essencial de defesa e orientação dos consumidores, devendo os órgãos públicos competentes assegurar sua publicidade, confiabilidade e continuidade, nos termos do art. 44 da Lei nº 8.078, de 1990.

Art. 58. Para os fins deste Decreto, considera-se:

I – cadastro: o resultado dos registros feitos pelos órgãos públicos de defesa do consumidor de todas as reclamações fundamentadas contra fornecedores;

II – reclamação fundamentada: a notícia de lesão ou ameaça de direito de consumidor analisada por órgão público de defesa do consumidor, a requerimento ou de ofício, considerada procedente, por decisão definitiva.

Art. 59. Os órgãos públicos de defesa do consumidor devem providenciar à divulgação periódica dos cadastros atualizados de reclamações fundamentadas contra fornecedores.

§ 1º. O cadastro referido no *caput* deste artigo será publicado, obrigatoriamente, no órgão de imprensa oficial local, devendo a entidade responsável dar-lhe a maior publicidade possível por meio dos órgãos de comunicação, inclusive eletrônica.

§ 2º. O cadastro será divulgado anualmente, podendo o órgão responsável fazê-lo em período menor, sempre que julgue necessário, e conterá informações objetivas, claras e verdadeiras sobre o objeto da reclamação, a identificação do fornecedor e o atendimento ou não da reclamação pelo fornecedor.

§ 3º. Os cadastros deverão ser atualizados permanentemente, por meio das devidas anotações, não podendo conter informações negativas sobre fornecedores, referentes a período superior a cinco anos, contado da data da intimação da decisão definitiva.

Art. 60. Os cadastros de reclamações fundamentadas contra fornecedores são considerados arquivos públicos, sendo informações e fontes a todos acessíveis, gratuitamente, vedada a utilização abusiva ou, por qualquer outro modo, estranha à defesa e orientação dos consumidores, ressalvada a hipótese de publicidade comparativa.

Art. 61. O consumidor ou fornecedor poderá requerer, em cinco dias a contar da divulgação do cadastro e mediante petição fundamentada, a retificação de informação inexata que nele conste, bem como a inclusão de informação omitida, devendo a autoridade competente, no prazo de dez dias úteis, pronunciar-se, motivadamente, pela procedência ou improcedência do pedido.

Parágrafo único. No caso de acolhimento do pedido, a autoridade competente providenciará, no prazo deste artigo, a retificação ou inclusão de informação e sua divulgação, nos termos do § 1º do art. 59 deste Decreto.

Art. 62. Os cadastros específicos de cada órgão público de defesa do consumidor serão consolidados em cadastros gerais, nos âmbitos federal e estadual, aos quais se aplica o disposto nos artigos desta Seção.

Capítulo VII
Das Disposições Gerais

Art. 63. Nos termos do disposto na Lei nº 8.078, de 1990, e na legislação complementar, a Secretaria Nacional do Consumidor do Ministério da Justiça e Segurança Pública poderá editar atos administrativos com vistas à observância das normas de proteção e defesa do consumidor, facultada a oitiva do Conselho Nacional de Defesa do Consumidor.

(*) *Art. 63 com redação dada pelo Decreto nº 10.887, de 7.12.2021.*

Art. 64. Poderão ser lavrados Autos de Comprovação ou Constatação, a fim de estabelecer a situação real de mercado, em determinado lugar e momento, obedecido o procedimento adequado.

Art. 65. Em caso de impedimento à aplicação do presente Decreto, ficam as autoridades competentes autorizadas a requisitar o emprego de força policial.

Art. 65-A. As normas procedimentais estabelecidas pela Lei nº 9.784, de 29 de janeiro de 1999, e pela Lei nº 13.105, de 16 de março de 2015 – Código de Processo Civil, aplicam-se subsidiariamente e supletivamente a este Decreto.

(*) *Art. 65-A acrescido pelo Decreto nº 10.887, de 7.12.2021.*

Art. 66. Este Decreto entre em vigor na data de sua publicação.

Art. 67. Fica revogado o Decreto nº 861, de 9 de julho de 1993.

Brasília, 20 de março de 1997; 176º da Independência e 109º da República.
Fernando Henrique Cardoso – DOU de 21.3.1997

REGULAMENTOS DO CÓDIGO DE DEFESA DO CONSUMIDOR

DECRETO Nº 5.903, DE 20 DE SETEMBRO DE 2006

(*) *Atualizado até as alterações promovidas pelo Decreto nº 7.962, de 15 de março de 2013.*

Regulamenta a Lei nº 10.962, de 11 de outubro de 2004, e a Lei nº 8.078, de 11 de setembro de 1990.

O Presidente da República, no uso da atribuição que lhe confere o art. 84, inciso IV, da Constituição, e tendo em vista o disposto na Lei nº 8.078, de 11 de setembro de 1990, e na Lei nº 10.962, de 11 de outubro de 2004,

Decreta:

Art. 1º. Este Decreto regulamenta a Lei nº 10.962, de 11 de outubro de 2004, e dispõe sobre as práticas infracionais que atentam contra o direito básico do consumidor de obter informação adequada e clara sobre produtos e serviços, previstas na Lei nº 8.078, de 11 de setembro de 1990.

Art. 2º. Os preços de produtos e serviços deverão ser informados adequadamente, de modo a garantir ao consumidor a correção, clareza, precisão, ostensividade e legibilidade das informações prestadas.

§ 1º. Para efeito do disposto no *caput* deste artigo, considera-se:

I – correção, a informação verdadeira que não seja capaz de induzir o consumidor em erro;

II – clareza, a informação que pode ser entendida de imediato e com facilidade pelo consumidor, sem abreviaturas que dificultem a sua compreensão, e sem a necessidade de qualquer interpretação ou cálculo;

III – precisão, a informação que seja exata, definida e que esteja física ou visualmente ligada ao produto a que se refere, sem nenhum embaraço físico ou visual interposto;

IV – ostensividade, a informação que seja de fácil percepção, dispensando qualquer esforço na sua assimilação; e

V – legibilidade, a informação que seja visível e indelével.

Art. 3º. O preço de produto ou serviço deverá ser informado discriminando-se o total à vista.

Parágrafo único. No caso de outorga de crédito, como nas hipóteses de financiamento ou parcelamento, deverão ser também discriminados:

I – o valor total a ser pago com financiamento;

II – o número, periodicidade e valor das prestações;

III – os juros; e

IV – os eventuais acréscimos e encargos que incidirem sobre o valor do financiamento ou parcelamento.

Art. 4º. Os preços dos produtos e serviços expostos à venda devem ficar sempre visíveis aos consumidores enquanto o estabelecimento estiver aberto ao público.

Parágrafo único. A montagem, rearranjo ou limpeza, se em horário de funcionamento, deve ser feito sem prejuízo das informações relativas aos preços de produtos ou serviços expostos à venda.

Art. 5º. Na hipótese de afixação de preços de bens e serviços para o consumidor, em vitrines e no comércio em geral, de que trata o inciso I do art. 2º da Lei nº 10.962, de 2004, a etiqueta ou similar afixada diretamente no produto exposto à venda deverá ter sua face principal voltada ao consumidor, a fim de garantir a pronta visualização do preço, independentemente de solicitação do consumidor ou intervenção do comerciante.

Parágrafo único. Entende-se como similar qualquer meio físico que esteja unido ao produto e gere efeitos visuais equivalentes aos da etiqueta.

Art. 6º. Os preços de bens e serviços para o consumidor nos estabelecimentos comerciais de que trata o inciso II do art. 2º da Lei nº 10.962, de 2004, admitem as seguintes modalidades de afixação:

I – direta ou impressa na própria embalagem;

II – de código referencial; ou

III – de código de barras.

§ 1º. Na afixação direta ou impressão na própria embalagem do produto, será observado o disposto no art. 5º deste Decreto.

§ 2º. A utilização da modalidade de afixação de código referencial deverá atender às seguintes exigências:

I – a relação dos códigos e seus respectivos preços devem estar visualmente unidos e próximos dos produtos a que se referem, e imediatamente perceptível ao consumidor, sem a necessidade de qualquer esforço ou deslocamento de sua parte; e

II – o código referencial deve estar fisicamente ligado ao produto, em contraste de cores e em tamanho suficientes que permitam a pronta identificação pelo consumidor.

§ 3º. Na modalidade de afixação de código de barras, deverão ser observados os seguintes requisitos:

I – as informações relativas ao preço à vista, características e código do produto deverão estar a ele visualmente unidas, garantindo a pronta identificação pelo consumidor;

II – a informação sobre as características do item deve compreender o nome, quantidade e demais elementos que o particularizem; e

III – as informações deverão ser disponibilizadas em etiquetas com caracteres ostensivos e em cores de destaque em relação ao fundo.

Art. 7º. Na hipótese de utilização do código de barras para apreçamento, os fornecedores deverão disponibilizar, na área de vendas, para consulta de preços pelo consumidor, equipamentos de leitura ótica em perfeito estado de funcionamento.

§ 1º. Os leitores óticos deverão ser indicados por cartazes suspensos que informem a sua localização.

§ 2º. Os leitores óticos deverão ser dispostos na área de vendas, observada a distância máxima de quinze metros entre qualquer produto e a leitora ótica mais próxima.

§ 3º. Para efeito de fiscalização, os fornecedores deverão prestar as informações necessárias aos agentes fiscais mediante disponibilização de croqui da área de vendas, com a identificação clara e precisa da localização dos leitores óticos e a distância que os separa, demonstrando graficamente o cumprimento da distância máxima fixada neste artigo.

Art. 8º. A modalidade de relação de preços de produtos expostos e de serviços oferecidos aos consumidores somente poderá ser empregada quando for impossível o uso das modalidades descritas nos arts. 5º e 6º deste Decreto.

§ 1º. A relação de preços de produtos ou serviços expostos à venda deve ter sua face principal voltada ao consumidor, de forma a garantir a pronta visualização do preço, independentemente de solicitação do consumidor ou intervenção do comerciante.

§ 2º. A relação de preços deverá ser também afixada, externamente, nas entradas de restaurantes, bares, casas noturnas e similares.

Art. 9º. Configuram infrações ao direito básico do consumidor à informação adequada e clara sobre os diferentes produtos e serviços, sujeitando o infrator às penalidades previstas na Lei nº 8.078, de 1990, as seguintes condutas:

I – utilizar letras cujo tamanho não seja uniforme ou dificulte a percepção da informação, considerada a distância normal de visualização do consumidor;

II – expor preços com as cores das letras e do fundo idêntico ou semelhante;

III – utilizar caracteres apagados, rasurados ou borrados;

IV – informar preços apenas em parcelas, obrigando o consumidor ao cálculo do total;

V – informar preços em moeda estrangeira, desacompanhados de sua conversão em moeda corrente nacional, em caracteres de igual ou superior destaque;

VI – utilizar referência que deixa dúvida quanto à identificação do item ao qual se refere;

VII – atribuir preços distintos para o mesmo item; e

VIII – expor informação redigida na vertical ou outro ângulo que dificulte a percepção.

Art. 10. A aplicação do disposto neste Decreto dar-se-á sem prejuízo de outras normas de controle incluídas na competência de demais órgãos e entidades federais.

Parágrafo único. O disposto nos arts. 2º, 3º e 9º deste Decreto aplica-se às contratações no comércio eletrônico.

(*) *Parágrafo único acrescido pelo Decreto nº 7.962, de 15.3.2013.*

Art. 11. Este Decreto entra em vigor noventa dias após sua publicação.

Brasília, 20 de setembro de 2006; 185º da Independência e 118º da República.
Luiz Inácio Lula da Silva – DOU de 21.9.2006

DECRETO Nº 7.962, DE 15 DE MARÇO DE 2013

Regulamenta a Lei nº 8.078, de 11 de setembro de 1990, para dispor sobre a contratação no comércio eletrônico.

A Presidenta da República, no uso da atribuição que lhe confere o art. 84, *caput*, inciso IV, da Constituição, e tendo em vista o disposto na Lei nº 8.078, de 11 de setembro de 1990,

Decreta:

Art. 1º. Este Decreto regulamenta a Lei nº 8.078, de 11 de setembro de 1990, para dispor sobre a contratação no comércio eletrônico, abrangendo os seguintes aspectos:

I – informações claras a respeito do produto, serviço e do fornecedor;

II – atendimento facilitado ao consumidor; e

III – respeito ao direito de arrependimento.

Art. 2º. Os sítios eletrônicos ou demais meios eletrônicos utilizados para oferta ou conclusão de contrato de consumo devem disponibilizar, em local de destaque e de fácil visualização, as seguintes informações:

I – nome empresarial e número de inscrição do fornecedor, quando houver, no Cadastro Nacional de Pessoas Físicas ou no Cadastro Nacional de Pessoas Jurídicas do Ministério da Fazenda;

II – endereço físico e eletrônico, e demais informações necessárias para sua localização e contato;

III – características essenciais do produto ou do serviço, incluídos os riscos à saúde e à segurança dos consumidores;

IV – discriminação, no preço, de quaisquer despesas adicionais ou acessórias, tais como as de entrega ou seguros;

V – condições integrais da oferta, incluídas modalidades de pagamento, disponibilidade, forma e prazo da execução do serviço ou da entrega ou disponibilização do produto; e

VI – informações claras e ostensivas a respeito de quaisquer restrições à fruição da oferta.

Art. 3º. Os sítios eletrônicos ou demais meios eletrônicos utilizados para ofertas de compras coletivas ou modalidades análogas de contratação deverão conter, além das informações previstas no art. 2º, as seguintes:

I – quantidade mínima de consumidores para a efetivação do contrato;

II – prazo para utilização da oferta pelo consumidor; e

III – identificação do fornecedor responsável pelo sítio eletrônico e do fornecedor do produto ou serviço ofertado, nos termos dos incisos I e II do art. 2º.

Art. 4º. Para garantir o atendimento facilitado ao consumidor no comércio eletrônico, o fornecedor deverá:

I – apresentar sumário do contrato antes da contratação, com as informações necessárias ao pleno exercício do direito de escolha do consumidor, enfatizadas as cláusulas que limitem direitos;

II – fornecer ferramentas eficazes ao consumidor para identificação e correção imediata de erros ocorridos nas etapas anteriores à finalização da contratação;

III – confirmar imediatamente o recebimento da aceitação da oferta;

IV – disponibilizar o contrato ao consumidor em meio que permita sua conservação e reprodução, imediatamente após a contratação;

V – manter serviço adequado e eficaz de atendimento em meio eletrônico, que possibilite ao consumidor a resolução de demandas referentes a informação, dúvida, reclamação, suspensão ou cancelamento do contrato;

VI – confirmar imediatamente o recebimento das demandas do consumidor referidas no inciso, pelo mesmo meio empregado pelo consumidor; e

VII – utilizar mecanismos de segurança eficazes para pagamento e para tratamento de dados do consumidor.

Parágrafo único. A manifestação do fornecedor às demandas previstas no inciso V do *caput* será encaminhada em até cinco dias ao consumidor.

Art. 5º. O fornecedor deve informar, de forma clara e ostensiva, os meios adequados e eficazes para o exercício do direito de arrependimento pelo consumidor.

§ 1º. O consumidor poderá exercer seu direito de arrependimento pela mesma ferramenta utilizada para a contratação, sem prejuízo de outros meios disponibilizados.

§ 2º. O exercício do direito de arrependimento implica a rescisão dos contratos acessórios, sem qualquer ônus para o consumidor.

§ 3º. O exercício do direito de arrependimento será comunicado imediatamente pelo fornecedor à instituição financeira ou à administradora do cartão de crédito ou similar, para que:

I – a transação não seja lançada na fatura do consumidor; ou

II – seja efetivado o estorno do valor, caso o lançamento na fatura já tenha sido realizado.

§ 4º. O fornecedor deve enviar ao consumidor confirmação imediata do recebimento da manifestação de arrependimento.

Art. 6º. As contratações no comércio eletrônico deverão observar o cumprimento das condições da oferta, com a entrega dos produtos e serviços contratados, observados prazos, quantidade, qualidade e adequação.

Art. 7º. A inobservância das condutas descritas neste Decreto ensejará aplicação das sanções previstas no art. 56 da Lei nº 8.078, de 1990.

Art. 8º. O Decreto nº 5.903, de 20 de setembro de 2006, passa a vigorar com as seguintes alterações:

(*) *Alterações já efetuadas no corpo da referida Lei, nesta edição.*

Art. 9º. Este Decreto entra em vigor sessenta dias após a data de sua publicação.

Brasília, 15 de março de 2013; 192º da Independência e 125º da República.
Dilma Rousseff – DOU de 15.3.2013 – Edição Extra

DECRETO Nº 11.034, DE 5 DE ABRIL DE 2022

Regulamenta a Lei nº 8.078, de 11 de setembro de 1990 – Código de Defesa do Consumidor, para estabelecer diretrizes e normas sobre o Serviço de Atendimento ao Consumidor.

O Presidente da República, no uso da atribuição que lhe confere o art. 84, *caput*, inciso IV, da Constituição, e tendo em vista o disposto na Lei nº 8.078, de 11 de setembro de 1990 – Código de Defesa do Consumidor,

Decreta:

Capítulo I
Disposições Gerais

Art. 1º. Este Decreto regulamenta a Lei nº 8.078, de 11 de setembro de 1990 – Código de Defesa do Consumidor, para estabelecer diretrizes e normas sobre o Serviço de Atendimento ao Consumidor – SAC, no âmbito dos fornecedores dos serviços regulados pelo Poder Executivo federal, com vistas a garantir o direito do consumidor:

I – à obtenção de informação adequada sobre os serviços contratados; e

II – ao tratamento de suas demandas.

Parágrafo único. Para fins do disposto neste Decreto, os órgãos ou as entidades reguladoras considerarão o porte do fornecedor do serviço regulado.

Art. 2º. Para fins do disposto neste Decreto, considera-se Serviço de Atendimento ao Consumidor – SAC o serviço de atendimento realizado por diversos canais integrados dos fornecedores de serviços regulados com a finalidade de dar tratamento às demandas dos consumidores, tais como informação, dúvida, reclamação, contestação, suspensão ou cancelamento de contratos e de serviços.

Parágrafo único. O disposto neste Decreto não se aplica à oferta e à contratação de produtos e serviços.

Capítulo II
Do Atendimento ao Consumidor

Art. 3º. O acesso ao SAC será gratuito e o atendimento das demandas não acarretará ônus para o consumidor.

Art. 4º. O acesso ao SAC estará disponível, ininterruptamente, durante vinte e quatro horas por dia, sete dias por semana.

§ 1º. O acesso de que trata o *caput* será garantido por meio de, no mínimo, um dos canais de atendimento integrados, cujo funcionamento será amplamente divulgado.

§ 2º. O acesso ao SAC prestado por atendimento telefônico será obrigatório, nos termos do disposto no art. 5º.

§ 3º. Na hipótese de o serviço ofertado não estar disponível para fruição ou contratação nos termos do disposto no *caput*, o acesso ao SAC poderá ser interrompido, observada a regulamentação dos órgãos ou das entidades reguladoras competentes.

§ 4º. O acesso inicial ao atendente não será condicionado ao fornecimento prévio de dados pelo consumidor.

§ 5º. É vedada a veiculação de mensagens publicitárias durante o tempo de espera para o atendimento, exceto se houver consentimento prévio do consumidor.

§ 6º. Sem prejuízo do disposto no § 5º, é admitida a veiculação de mensagens de caráter informativo durante o tempo de espera, desde que tratem dos direitos e deveres dos consumidores ou dos outros canais de atendimento disponíveis.

Art. 5º. Os órgãos ou as entidades reguladoras competentes observarão as seguintes condições mínimas para o atendimento telefônico do consumidor:

I – horário de atendimento não inferior a oito horas diárias, com disponibilização de atendimento por humano;

II – opções mínimas constantes do primeiro menu, incluídas, obrigatoriamente, as opções de reclamação e de cancelamento de contratos e serviços; e

III – tempo máximo de espera para:

a) o contato direto com o atendente, quando essa opção for selecionada; e

b) a transferência ao setor competente para atendimento definitivo da demanda, quando o primeiro atendente não tiver essa atribuição.

Parágrafo único. Os órgãos ou as entidades reguladoras competentes poderão estabelecer, para o setor regulado, horário de atendimento telefônico por humano superior ao previsto no inciso I do *caput*.

Art. 6º. É obrigatória a acessibilidade em canais do SAC mantidos pelos fornecedores de que trata este Decreto, para uso da pessoa com deficiência, garantido o acesso pleno para atendimento de suas demandas.

Parágrafo único. Ato da Secretaria Nacional do Consumidor do Ministério da Justiça e Segurança Pública disporá sobre a acessibilidade de canais de SAC, consideradas as especificidades das deficiências.

Art. 7º. As opções de acesso ao SAC constarão de maneira clara:

I – em todos os documentos e materiais impressos entregues ao consumidor na contratação do serviço e durante o seu fornecimento; e

II – nos canais eletrônicos do fornecedor.

Capítulo III
Da Qualidade do Tratamento das Demandas

Art. 8º. No tratamento das demandas, o SAC garantirá a:

I – tempestividade;

II – segurança;

III – privacidade; e

IV – resolutividade da demanda.

Parágrafo único. No tratamento das demandas serão observados ainda os princípios da:

I – dignidade;

II – boa-fé;

III – transparência;

IV – eficiência;

V – eficácia;

VI – celeridade; e

VII – cordialidade.

Art. 9º. Os dados pessoais do consumidor serão coletados, armazenados, tratados, transferidos e utilizados exclusivamente nos termos do disposto na Lei nº 13.709, de 14 de agosto de 2018.

Art. 10. É vedado solicitar a repetição da demanda do consumidor após o seu registro no primeiro atendimento.

Art. 11. Caso a chamada telefônica seja finalizada pelo fornecedor antes da conclusão do atendimento, o fornecedor deverá:

I – retornar a chamada ao consumidor;

II – informar o registro numérico de que trata o art. 12; e

III – concluir o atendimento.

Capítulo IV
Do Acompanhamento das Demandas

Art. 12. É direito do consumidor acompanhar, nos diversos canais de atendimento integrados, todas as suas demandas, por meio de registro numérico ou outro tipo de procedimento eletrônico.

§ 1º. O consumidor terá o direito de acesso ao histórico de suas demandas, sem ônus.

§ 2º. O histórico das demandas a que se refere o § 1º:

I – será enviado ao consumidor, mediante solicitação, no prazo de cinco dias corridos, contado da data da solicitação, por correspondência ou por meio eletrônico, a critério do consumidor; e

II – conterá todas as informações relacionadas à demanda, incluído o conteúdo da resposta do fornecedor, observado o disposto no § 2º do art. 13.

§ 3º. Quando se tratar de chamada telefônica, a manutenção da gravação da chamada efetuada para o SAC é obrigatória, pelo prazo mínimo de noventa dias, contado da data do atendimento.

§ 4º. Durante o prazo de que trata o § 3º, o consumidor poderá requerer acesso ao conteúdo da chamada efetuada.

§ 5º. O registro do atendimento será mantido à disposição do consumidor e do órgão ou da entidade fiscalizadora pelo prazo mínimo de dois anos, contado da data de resolução da demanda.

Capítulo V
Do Tratamento das Demandas

Art. 13. As demandas do consumidor serão respondidas no prazo de sete dias corridos, contado da data de seu registro.

§ 1º. O consumidor será informado sobre a conclusão do tratamento de sua demanda e, mediante solicitação, receberá do fornecedor a comprovação pertinente por correspondência ou por meio eletrônico, a critério do consumidor.

§ 2º. A resposta do fornecedor:

I – será clara, objetiva e conclusiva; e

II – abordará todos os pontos da demanda do consumidor.

§ 3º. Quando a demanda tratar de serviço não solicitado ou de cobrança indevida, o fornecedor adotará imediatamente as medidas necessárias à suspensão da cobrança.

§ 4º. Os órgãos ou as entidades reguladoras competentes poderão estabelecer, no setor regulado, prazo para resolução das demandas no SAC.

Art. 14. O recebimento e o processamento imediato do pedido de cancelamento de serviço feito pelo consumidor, por meio do SAC, observará as seguintes diretrizes:

I – o pedido de cancelamento será permitido e assegurado ao consumidor por todos os meios disponíveis para a contratação do serviço, observadas as condições aplicáveis à rescisão e as multas decorrentes de cláusulas contratuais;

II – os efeitos do pedido de cancelamento serão imediatos, independentemente do adimplemento contratual, exceto quando for necessário o processamento técnico da demanda;

III – será assegurada ao consumidor a informação sobre eventuais condições aplicáveis à rescisão e as multas incidentes por descumprimento de cláusulas contratuais de permanência mínima, quando cabíveis;

IV – o comprovante do pedido de cancelamento será encaminhado por correspondência ou por meio eletrônico, a critério do consumidor; e

V – poderá ser oferecida a opção para cancelamento programado, sujeita à anuência do consumidor.

Parágrafo único. Os órgãos ou as entidades reguladoras competentes fixarão prazo para a conclusão do processamento técnico da demanda de que trata o inciso II do *caput*.

Capítulo VI
Da Efetividade

Art. 15. À Secretaria Nacional do Consumidor do Ministério da Justiça e Segurança Pública competirá desenvolver a metodologia e implementar a ferramenta de acompanhamento da efetividade dos SAC, ouvidos os órgãos e as entidades reguladoras, os integrantes do Sistema Nacional de Defesa do Consumidor e os representantes de prestadores de serviços de relacionamento com consumidores.

§ 1º. No desenvolvimento da metodologia e na implementação da ferramenta de que trata o *caput*, serão considerados, no mínimo, os seguintes parâmetros:

I – quantidade de reclamações referentes ao SAC, ponderada por quantidade de clientes ou de unidades de produção;

II – taxa de resolução das demandas, sob a ótica do consumidor;

III – índice de reclamações junto aos órgãos de defesa do consumidor, principalmente no Sistema Nacional de Informações de Defesa do Consumidor e no sítio eletrônico do consumidor.gov.br, ou nas plataformas que venham a substituí-los;

IV – índice de reclamações no órgão ou na entidade reguladora setorial; e

V – grau de satisfação do consumidor.

§ 2º. A Secretaria Nacional do Consumidor do Ministério da Justiça e Segurança Pública dará transparência à metodologia e à ferramenta de acompanhamento da efetividade dos SAC de que trata o *caput*, divulgados, no mínimo, uma vez ao ano, os resultados da implementação da ferramenta.

§ 3º. A Secretaria Nacional do Consumidor do Ministério da Justiça e Segurança Pública poderá solicitar dados e informações aos fornecedores, observadas as hipóteses legais de sigilo, com vistas ao acompanhamento da efetividade dos SAC.

§ 4º. Os dados e as informações de que trata o § 3º poderão ser compartilhados com os órgãos ou as entidades reguladoras competentes, nos termos do disposto no Decreto nº 10.046, de 9 de outubro de 2019.

§ 5º. Com base na ferramenta de que trata o *caput*, a Secretaria Nacional do Consumidor do Ministério da Justiça e Segurança Pública poderá, ao averiguar a baixa efetividade dos SAC de determinados fornecedores, estabelecer horário de atendimento telefônico por humano superior ao previsto no inciso I do *caput* do art. 5º.

Capítulo VII
Disposições Finais

Art. 16. A inobservância ao disposto neste Decreto acarretará a aplicação das sanções estabelecidas no art. 56 da Lei nº 8.078, de 1990 – Código de Defesa do Consumidor, sem prejuízo da aplicação das sanções constantes dos regulamentos específicos dos órgãos e das entidades reguladoras.

Art. 17. Fica revogado o Decreto nº 6.523, de 31 de julho de 2008.

Art. 18. Este Decreto entra em vigor cento e oitenta dias após a data de sua publicação.

Brasília, 5 de abril de 2022; 201º da Independência e 134º da República.

Jair Messias Bolsonaro – DOU de 6.4.2022

LEGISLAÇÃO COMPLEMENTAR

LEI Nº 10.962, DE 11 DE OUTUBRO DE 2004

(*) *Atualizada até as alterações promovidas pela Lei nº 13.543, de 19 de dezembro de 2017.*

(*) *Vide, nesta edição, o Decreto Regulamentador nº 5.903, de 20 de setembro de 2006.*

Dispõe sobre a oferta e as formas de afixação de preços de produtos e serviços para o consumidor.

O Presidente da República

Faço saber que o Congresso Nacional decreta e eu sanciono a seguinte Lei:

Art. 1º. Esta Lei regula as condições de oferta e afixação de preços de bens e serviços para o consumidor.

Art. 2º. São admitidas as seguintes formas de afixação de preços em vendas a varejo para o consumidor:

I – no comércio em geral, por meio de etiquetas ou similares afixados diretamente nos bens expostos à venda, e em vitrines, mediante divulgação do preço à vista em caracteres legíveis;

II – em auto-serviços, supermercados, hipermercados, mercearias ou estabelecimentos comerciais onde o consumidor tenha acesso direto ao produto, sem intervenção do comerciante, mediante a impressão ou afixação do preço do produto na embalagem, ou a afixação de código referencial, ou ainda, com a afixação de código de barras.

III – no comércio eletrônico, mediante divulgação ostensiva do preço à vista, junto à imagem do produto ou descrição do serviço, em caracteres facilmente legíveis com tamanho de fonte não inferior a doze.

(*) *Inciso III acrescido pela Lei nº 13.543, de 19.12.2017.*

Parágrafo único. Nos casos de utilização de código referencial ou de barras, o comerciante deverá expor, de forma clara e legível, junto aos itens expostos, informação relativa ao preço à vista do produto, suas características e código.

Art. 2º-A. Na venda a varejo de produtos fracionados em pequenas quantidades, o comerciante deverá informar, na etiqueta contendo o preço ou junto aos itens expostos, além do preço do produto à vista, o preço correspondente a uma das seguintes unidades fundamentais de medida: capacidade, massa, volume, comprimento ou área, de acordo com a forma habitual de comercialização de cada tipo de produto.

Parágrafo único. O disposto neste artigo não se aplica à comercialização de medicamentos.

(*) *Art. 2º-A acrescido pela Lei nº 13.175, de 21.10.2015.*

Art. 3º. Na impossibilidade de afixação de preços conforme disposto no art. 2º, é permitido o uso de relações de preços dos produtos expostos, bem como dos serviços oferecidos, de forma escrita, clara e acessível ao consumidor.

Art. 4º. Nos estabelecimentos que utilizem código de barras para apreçamento, deverão ser oferecidos equipamentos de leitura ótica para consulta de preço pelo consumidor, localizados na área de vendas e em outras de fácil acesso.

§ 1º. O regulamento desta Lei definirá, observados, dentre outros critérios ou fatores, o tipo e o tamanho do estabelecimento e a quantidade e a diversidade dos itens de bens e serviços, a área máxima que deverá ser atendida por cada leitora ótica.

§ 2º. Para os fins desta Lei, considera-se área de vendas aquela na qual os consumidores têm acesso às mercadorias e serviços oferecidos para consumo no varejo, dentro do estabelecimento.

Art. 5º. No caso de divergência de preços para o mesmo produto entre os sistemas de informação de preços utilizados pelo estabelecimento, o consumidor pagará o menor dentre eles.

Art. 5º-A. O fornecedor deve informar, em local e formato visíveis ao consumidor, eventuais descontos oferecidos em função do prazo ou do instrumento de pagamento utilizado.

Parágrafo único. Aplicam-se às infrações a este artigo as sanções previstas na Lei nº 8.078, de 11 de setembro de 1990.

(*) *Art. 5º-A acrescido pela Lei nº 13.455, de 26.6.2017.*

Art. 6º. (Vetado).

Art. 7º. Esta Lei entra em vigor na data de sua publicação.

Brasília, 11 de outubro de 2004; 183º da Independência e 116º da República.

Luiz Inácio Lula da Silva – DOU de 13.10.2004

LEI Nº 12.291, DE 20 DE JULHO DE 2010

Torna obrigatória a manutenção de exemplar do Código de Defesa do Consumidor nos estabelecimentos comerciais e de prestação de serviços.

O Presidente da República,

Faço saber que o Congresso Nacional decreta e eu sanciono a seguinte Lei:

Art. 1º. São os estabelecimentos comerciais e de prestação de serviços obrigados a manter, em local visível e de fácil acesso ao público, 1 (um) exemplar do Código de Defesa do Consumidor.

Art. 2º. O não cumprimento do disposto nesta Lei implicará as seguintes penalidades, a serem aplicadas aos infratores pela autoridade administrativa no âmbito de sua atribuição:

I – multa no montante de até R$ 1.064,10 (mil e sessenta e quatro reais e dez centavos);

II – (vetado); e

III – (vetado).

Art. 3º. Esta Lei entra em vigor na data de sua publicação.

Brasília, 20 de julho de 2010; 189º da Independência e 122º da República.

Luiz Inácio Lula da Silva – DOU de 21.7.2010

MENSAGEM Nº 420, DE 20 DE JULHO DE 2010

Senhor Presidente do Senado Federal,

Comunico a Vossa Excelência que, nos termos do § 1º do art. 66 da Constituição, decidi vetar parcialmente, por contrariedade ao interesse público, o Projeto de Lei nº 138, de 2009 (nº 4.686/01 na Câmara dos Deputados), que "Torna obrigatória a manutenção de exemplar do Código de Defesa do Consumidor nos estabelecimentos comerciais e de prestação de serviços".

Ouvido, o Ministério da Justiça manifestou-se pelo veto aos seguintes dispositivos:

Incisos II e III do art. 2º

"II – suspensão temporária da atividade; e

III – cassação da licença do estabelecimento."

Razão dos vetos

"O Código de Defesa do Consumidor restringe a aplicação das penas de suspensão temporária da atividade e de cassação de licença somente para as infrações de maior gravidade e, ainda, apenas quando houver reincidência, restando desproporcional sua adoção quando do descumprimento do disposto na presente proposta."

Essa, Senhor Presidente, a razão que me levou a vetar os dispositivos acima mencionados do projeto em causa, a qual ora submeto à elevada apreciação dos Senhores Membros do Congresso Nacional.

LEI Nº 13.455, DE 26 DE JUNHO DE 2017

Dispõe sobre a diferenciação de preços de bens e serviços oferecidos ao público em função do prazo ou do instrumento de pagamento utilizado, e altera a Lei nº 10.962, de 11 de outubro de 2004.

O Presidente da República

Faço saber que o Congresso Nacional decreta e eu sanciono a seguinte Lei:

Art. 1º. Fica autorizada a diferenciação de preços de bens e serviços oferecidos ao público em função do prazo ou do instrumento de pagamento utilizado.

Parágrafo único. É nula a cláusula contratual, estabelecida no âmbito de arranjos de pagamento ou de outros acordos para prestação de serviço de pagamento, que proíba ou restrinja a diferenciação de preços facultada no *caput* deste artigo.

Art. 2º. A Lei nº 10.962, de 11 de outubro de 2004, passa a vigorar acrescida do seguinte art. 5º-A:

(*) *Alteração já efetuada no corpo da referida Lei, nesta edição.*

Art. 3º. Esta Lei entra em vigor na data de sua publicação.

Brasília, 26 de junho de 2017; 196º da Independência e 129º da República.

Michel Temer – DOU de 27.6.2017

LEI Nº 14.181, DE 1º DE JULHO DE 2021

Altera a Lei nº 8.078, de 11 de setembro de 1990 (Código de Defesa do Consumidor), e a Lei nº 10.741, de 1º de outubro de 2003 (Estatuto do Idoso), para aperfeiçoar a disciplina do crédito ao consumidor e dispor sobre a prevenção e o tratamento do superendividamento.

O Presidente da República,

Faço saber que o Congresso Nacional decreta e eu sanciono a seguinte Lei:

Art. 1º. A Lei nº 8.078, de 11 de setembro de 1990 (Código de Defesa do Consumidor), passa a vigorar com as seguintes alterações:

(*) *Alterações já efetuadas no corpo da referida Lei, nesta edição.*

Art. 2º. O art. 96 da Lei nº 10.741, de 1º de outubro de 2003 (Estatuto do Idoso), passa a vigorar acrescido do seguinte § 3º:

"**Art. 96.** ....

§ 3º. Não constitui crime a negativa de crédito motivada por superendividamento do idoso." (NR)

Art. 3º. A validade dos negócios e dos demais atos jurídicos de crédito em curso constituídos antes da entrada em vigor desta Lei obedece ao disposto em lei anterior, mas os efeitos produzidos após a entrada em vigor desta Lei subordinam-se aos seus preceitos.

Art. 4º. (Vetado).

Art. 5º. Esta Lei entra em vigor na data de sua publicação.

Brasília, 1º de julho de 2021; 200º da Independência e 133º da República.

Jair Messias Bolsonaro – DOU de 2.7.2021

DECRETO Nº 11.150, DE 26 DE JULHO DE 2022

Regulamenta a preservação e o não comprometimento do mínimo existencial para fins de prevenção, tratamento e conciliação de situações de superendividamento em dívidas de consumo, nos termos do disposto na Lei nº 8.078, de 11 de setembro de 1990 – Código de Defesa do Consumidor.

O Presidente da República, no uso das atribuições que lhe confere o art. 84, *caput*, incisos IV e VI, alínea "a", da Constituição, e tendo em vista o disposto nos art. 6º, *caput*, incisos XI e XII, art. 54-A, § 1º, art. 104-A, *caput*, e art. 104-C, § 1º, da Lei nº 8.078, de 11 de setembro de 1990 – Código de Defesa do Consumidor e nos art. 3º, *caput*, incisos IV e VII, e art. 4º, *caput*, incisos VI e VIII, da Lei nº 4.595, de 31 de dezembro de 1964,

Decreta:

Art. 1º. Este Decreto regulamenta a preservação e o não comprometimento do mínimo existencial para fins de prevenção, tratamento e conciliação, administrativa ou judicial, de situações de superendividamento em dívidas de consumo, nos termos do disposto na Lei nº 8.078, de 11 de setembro de 1990 – Código de Defesa do Consumidor.

Art. 2º. Entende-se por superendividamento a impossibilidade manifesta de o consumidor pessoa natural, de boa-fé, pagar a totalidade de suas dívidas de consumo, exigíveis e vincendas, sem comprometer seu mínimo existencial.

Parágrafo único. Para fins do disposto neste Decreto, consideram-se dívidas de consumo os compromissos financeiros assumidos pelo consumidor pessoa natural para a aquisição ou a utilização de produto ou serviço como destinatário final.

Art. 3º. No âmbito da prevenção, do tratamento e da conciliação administrativa ou judicial das situações de superendividamento, considera-se mínimo existencial a renda mensal do consumidor pessoa natural equivalente a vinte e cinco por cento do salário-mínimo vigente na data de publicação deste Decreto.

§ 1º. A apuração da preservação ou do não comprometimento do mínimo existencial de que trata o *caput* será realizada considerando a base mensal, por meio da contraposição entre a renda total mensal do consumidor e as parcelas das suas dívidas vencidas e a vencer no mesmo mês.

§ 2º. O reajustamento anual do salário-mínimo não implicará a atualização do valor de que trata o *caput*.

§ 3º. Compete ao Conselho Monetário Nacional a atualização do valor de que trata o *caput*.

Art. 4º. Não serão computados na aferição da preservação e do não comprometimento do mínimo existencial as dívidas e os limites de créditos não afetos ao consumo.

Parágrafo único. Excluem-se ainda da aferição da preservação e do não comprometimento do mínimo existencial:

I – as parcelas das dívidas:

a) relativas a financiamento e refinanciamento imobiliário;

b) decorrentes de empréstimos e financiamentos com garantias reais;

c) decorrentes de contratos de crédito garantidos por meio de fiança ou com aval;

d) decorrentes de operações de crédito rural;

e) contratadas para o financiamento da atividade empreendedora ou produtiva, inclusive aquelas subsidiadas pelo Banco Nacional de Desenvolvimento Econômico e Social – BNDES;

f) anteriormente renegociadas na forma do disposto no Capítulo V do Título III da Lei nº 8.078, de 1990;

g) de tributos e despesas condominiais vinculadas a imóveis e móveis de propriedade do consumidor;

h) decorrentes de operação de crédito consignado regido por lei específica;

i) decorrentes de operações de crédito com antecipação, desconto e cessão, inclusive fiduciária, de saldos financeiros, de créditos e de direitos constituídos ou a constituir, inclusive por meio de endosso ou empenho de títulos ou outros instrumentos representativos;

II – os limites de crédito não utilizados associados a conta de pagamento pós-paga;

III – os limites disponíveis não utilizados de cheque especial e de linhas de crédito pré-aprovadas.

Art. 5º. A preservação ou o não comprometimento do mínimo existencial de que trata o *caput* do art. 3º não será considerado impedimento para a concessão de operação de crédito que tenha como objetivo substituir outra operação ou operações anteriormente contratadas, desde que se preste a melhorar as condições do consumidor.

§ 1º. O disposto no *caput* se aplica à substituição das operações contratadas:

I – na mesma instituição financeira; ou

II – em outras instituições financeiras.

§ 2º. As contratações em outras instituições financeiras de que trata o inciso II do § 1º ocorrerão exclusivamente por meio da sistemática da portabilidade de crédito regulamentada pelo Conselho Monetário Nacional.

Art. 6º. No âmbito da conciliação administrativa ou judicial das situações de superendividamento em dívidas de consumo, a repactuação preservará as garantias e as formas de pagamento originariamente pactuadas, nos termos do disposto no *caput* do art. 104-A da Lei nº 8.078, de 1990.

Parágrafo único. Excluem-se do processo de repactuação de que trata o *caput*:

I – as dívidas oriundas de contratos celebrados dolosamente sem o propósito de realizar pagamento, ainda que decorrentes de relações de consumo; e

II – as dívidas provenientes de contratos de crédito com garantia real, de financiamentos imobiliários e de crédito rural.

Art. 7º. O disposto neste Decreto não se aplica para fins de concessão de benefícios da assistência social.

Art. 8º. Este Decreto entra em vigor sessenta dias após a data de sua publicação.

Brasília, 26 de julho de 2022; 201º da Independência e 134º da República.
Jair Messias Bolsonaro – DOU de 27.7.2022

LEI Nº 14.454, DE 21 DE SETEMBRO DE 2022

Altera a Lei nº 9.656, de 3 de junho de 1998, que dispõe sobre os planos privados de assistência à saúde, para estabelecer critérios que permitam a cobertura de exames ou tratamentos de saúde que não estão incluídos no rol de procedimentos e eventos em saúde suplementar.

O Presidente da República,

Faço saber que o Congresso Nacional decreta e eu sanciono a seguinte Lei:

Art. 1º. Esta Lei altera a Lei nº 9.656, de 3 de junho de 1998, que dispõe sobre os planos privados de assistência à saúde, para estabelecer critérios que permitam a cobertura de exames ou tratamentos de saúde que não estão incluídos no rol de procedimentos e eventos em saúde suplementar.

Art. 2º. A Lei nº 9.656, de 3 de junho de 1998, passa a vigorar com as seguintes alterações:

> "**Art. 1º.** Submetem-se às disposições desta Lei as pessoas jurídicas de direito privado que operam planos de assistência à saúde, sem prejuízo do cumprimento da legislação específica que rege a sua atividade e, simultaneamente, das disposições da Lei nº 8.078, de 11 de setembro de 1990 (Código de Defesa do Consumidor), adotando-se, para fins de aplicação das normas aqui estabelecidas, as seguintes definições: ...." (NR)

"**Art. 10.** ....

§ 4º. A amplitude das coberturas no âmbito da saúde suplementar, inclusive de transplantes e de procedimentos de alta complexidade, será estabelecida em norma editada pela ANS, que publicará rol de procedimentos e eventos em saúde suplementar, atualizado a cada incorporação.

....

§ 12. O rol de procedimentos e eventos em saúde suplementar, atualizado pela ANS a cada nova incorporação, constitui a referência básica para os planos privados de assistência à saúde contratados a partir de 1º de janeiro de 1999 e para os contratos adaptados a esta Lei e fixa as diretrizes de atenção à saúde.

§ 13. Em caso de tratamento ou procedimento prescrito por médico ou odontólogo assistente que não estejam previstos no rol referido no § 12 deste artigo, a cobertura deverá ser autorizada pela operadora de planos de assistência à saúde, desde que:

I – exista comprovação da eficácia, à luz das ciências da saúde, baseada em evidências científicas e plano terapêutico; ou

II – existam recomendações pela Comissão Nacional de Incorporação de Tecnologias no Sistema Único de Saúde (Conitec), ou exista recomendação de, no mínimo, 1 (um) órgão de avaliação de tecnologias em saúde que tenha renome internacional, desde que sejam aprovadas também para seus nacionais." (NR)

Art. 3º. Esta Lei entra em vigor na data de sua publicação.

Brasília, 21 de setembro de 2022; 201º da Independência e 134º da República.

Jair Messias Bolsonaro – DOU de 22.9.2022

ÍNDICE REMISSIVO

(*) *Os artigos mencionados referem-se ao próprio Código de Defesa do Consumidor. As demais indicações estão devidamente identificadas com a norma a que se referem.*

Este livro foi impresso pela Gráfica Grafilar
nas fontes Arial e Times New Roman sobre papel Offset 75 g/m²
para a Edipro.